Fit mit der Aquanudel

Bewegungsraum Wasser

Claudia Schwark

Fit mit der Aquanudel

Meyer & Meyer Verlag

Herausgeber der Edition „Bewegungsraum Wasser": Kurt Wilke

Fit mit der Aquanudel

Bibliografische Information der Deutschen Bibliothek
Die Deutsche Bibliothek verzeichnet diese Publikation in der Deutschen Nationalbibliografie; detaillierte bibliografische Details sind im Internet über <http://dnb.ddb.de> abrufbar.

Adelaide, Auckland, Budapest, Graz, Johannesburg, Miami, Olten (CH), Oxford, Singapore, Toronto
Member of the World Sportpublishers' Association (WSPA)
Druck und Bindung: Finidr s. r. o., Český Těšín
ISBN 3-89124-983-7
www.m-m-sports.com
E-Mail: verlag@m-m-sports.com

Inhalt

1 Vorwort des Herausgebers

„Mehr und mehr entdecken die Menschen – nicht nur die ganz Jungen – das Wasser als den idealen Bewegungsraum, um sich fit zu machen oder fit zu halten. Der statische Auftrieb des Wassers entlastet Wirbelsäule und Gelenke vom Körpergewicht und erhöht die Freiheit, Arme und Beine, den Rumpf oder sogar den Kopf in alle Richtungen zu bewegen.

Je nach örtlichen Gegebenheiten und nach individueller Vertrautheit mit dem Wasser lässt sich das Bewegungsbedürfnis im Flachwasser in der nahezu vollständigen „Schwerelosigkeit" des Tiefwassers verwirklichen. Die Aquanudel verhilft auch dem Wasservorsichtigen nach und nach zu dieser Bewegungsfreiheit; sie fordert durch ihre Flexibilität und ihren Auftrieb zum variantenreichen Spiel mit der Bewegung heraus.

Wie sehr man sich dabei zu Gunsten seiner Fitness anstrengt, lässt sich von jedem selbst steuern: Das hängt nämlich von der Geschwindigkeit und Häufigkeit der eigenen Bewegungen ab. Das Wasser erhöht seinen Widerstand mit der Geschwindigkeit der Körperbewegung, sodass eine weite Belastungsskala von hochintensivem Aquatraining über ruhige Dehngymnastik bis zum entspannten Treibenlassen offen steht.

Diese weite Skala der Beanspruchung mithilfe von Aquageräten erlebbar zu machen, dem Suchenden einen methodischen Zugang zur Vielfalt möglicher Bewegung im Wasser zu eröffnen, ist das Anliegen der Autorin. 12 Jahre Erfahrung auf diesem Gebiet des Gesundheitssports und der Erwachsenenbetreuung bieten ihr die besten Voraussetzungen dafür. Sie weiß, welche Rolle das persönliche Wohlbefinden für jede längere Fitnessbemühung spielt. Deshalb nutzt sie gezielt die physikalischen Eigenschaften des Wassers, den Aufforderungscharakter der Aquageräte und die mitreißende Dynamik des Übens in der Gruppe, um Fitness und Wohlbefinden im Wasser zu verbinden."

Köln, im Juni 2003 — Kurt Wilke

Vorwort der Autorin

Aquafitness erfreut sich in Deutschland zunehmender Beliebtheit. Die Einsatz- und Differenzierungsmöglichkeiten des Trainings im Wasser reichen inzwischen weit über die konventionelle **Kurwassergymnastik** *und den Rehabilitationsbereich hinaus.*

Durch die Entwicklung verschiedener Hilfsmittel, die meist ideal auf die Eigenschaften des Wassers abgestimmt sind, lassen sich Aquatrainingsprogramme nicht nur abwechslungsreicher gestalten, sondern sie bieten auch eine hervorragende Ergänzung für das allgemeine und gezielte Training in zahlreichen Sportarten des Breiten- und Leistungssports sowie in der Bewegungstherapie.

Die Aquanudel ist nur eines von vielen Trainingsgeräten, welche inzwischen in den Bädern nicht mehr wegzudenken sind.

Die Anregung zu diesem Buch entstand in der Praxis. Übungsleiter für den Aquabereich sowie interessierte Kursteilnehmer fragen immer wieder nach, welche Bewegungsangebote mit diesem, inzwischen häufig benutzten Gerät möglich sind. Aus diesem Grund habe ich eine umfangreiche Sammlung von Übungen zusammengestellt, die alle praktischen Erfahrungen entstammen und nach wie vor Inhalte verschiedenster Aquakurse sind.

Die Übungszusammenstellung ist hauptsächlich auf die Aquanudel ausgerichtet. Allerdings sind viele der vorgestellten Übungen genauso auch mit anderen Hilfsmitteln durchführbar. Dabei ist zu beachten, dass die Größe und Auftriebsfähigkeit eines Geräts die Intensität und den Anspruch an die Koordinationsfähigkeit bestimmt. Dies bedeutet beispielsweise, je größer die Oberfläche und je höher die Auftriebsfähigkeit eines Hilfsmittels ist, desto intensiver wird eine Kräftigungsübung. Ich erwähne im Praxisteil die Hilfsmittel, die bei der jeweiligen Übung alternativ eingesetzt werden können.

Da in Sportkreisen meist ein persönlicher Umgangston üblich ist, möchte ich gerne auch in meinem Buch beim „Du" als persönliche Anrede bleiben. In diesem Sinne wünsche ich euch viel Erfolg und vor allem eine Menge Spaß beim Ausprobieren der Übungen und bei der Planung neuer und spannender Stunden.

Claudia Schwark

2 Einleitung

Es ist noch nicht lange her, als die ersten langen, bunten Schaumstoffteile im Wasser ziemlich argwöhnisch betrachtet wurden, und auch du hast dich sicher gefragt, wozu diese komisch aussehenden Dinger nun schon wieder gut sein sollen. Inzwischen haben sie Schwimmbäder und Badestrände erobert, „die Aquanudeln".

Das beliebte Gerät, im Volksmund auch einfach nur „Nudel" genannt, ist vielseitig einsetzbar, birgt kein Verletzungsrisiko und besitzt einen hohen Aufforderungscharakter.

Ob Jung oder Alt, Schwimmer oder Nichtschwimmer, Kurgäste, Fitnesssportler, Kursteilnehmer oder Patienten der Physiotherapie, alle freuen sich, wenn die „Nudel" zum Einsatz kommt.

2.1 Die Aquanudel

Die Karriere der „Nudel" begann in den USA und hier in Deutschland wurde sie unter allerlei Namen bekannt. *Fun-Noodle, Swim-Noodle, Joy-Stick* und *Aquanudel* sind sicherlich nur einige Bezeichnungen, die derzeit im Umlauf sind.

Das Gerät wird aus Polyäthylenschaum in einer Länge von ca. 1,60 m hergestellt und besitzt meist einen Durchmesser von ca. 7 cm. Je dichter der Schaum gepresst wurde, umso stärkeren Auftrieb hat die „Nudel" im Wasser.

Für den Anfänger ist es ratsam, sich zunächst mit dem Gerät vertraut zu machen, bevor er mit dem eigentlichen Training beginnt, weil sich der Körperschwerpunkt im Wasser im Zusammenhang mit der unterschiedlichen Auftriebsfähigkeit der Aquanudel verlagert. Dadurch wird es schwieriger, das Gleichgewicht zu halten und eine entsprechende Standfestigkeit zu erlangen.

Auf dem Markt sind Verbindungsstücke für Aquanudeln erhältlich, die es z. B. ermöglichen, innerhalb einer Gruppe im Kreis zu trainieren, ohne die Geräte entsprechend halten zu müssen.

Aquanudeln

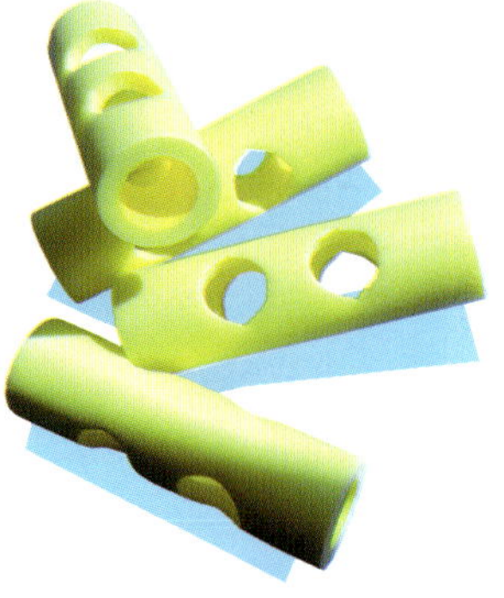

Verbindungsstücke für Aquanudeln

2.1.1 Alternative Aquageräte und Hilfsmittel

Sticks

Mit einem einfachen Küchenmesser lassen sich die „Nudeln" auch in vier kleine *Sticks* teilen. Diese *Sticks* werden häufig wie Hanteln zum Trainieren im Wasser benutzt. Das Bewegen mit der „kleinen Ausgabe" bietet andere Variationsmöglichkeiten und die Trainingsintensität lässt sich vermindern, weil sich Widerstand und Auftrieb der Geräte, bedingt durch die kleinere Oberfläche, erheblich verringern.

Hanteln

Sie sind, je nach Hersteller, in verschiedenen Größen und Ausführungen erhältlich. Es gibt Hanteln, bestehend aus Polyäthylenschaum und solche, die mit Wasser gefüllt werden. Je mehr Wasser die Hanteln beinhalten, desto geringer ist der Auftrieb der Geräte. Die unterschiedlichen Größen der Geräte bestimmen die Höhe des Wasserwiderstandes und somit die Kraftintensität während einer Übung. Teilweise sind sie mit Schlaufen ausgestattet, sodass auch ein Beinmuskeltraining im Tiefwasser ermöglicht wird. Hanteln haben den Vorteil, dass wechselseitige Übungen durchführbar sind, welche sich zur koordinativen Schulung besonders eignen.

Beispielsweise lässt sich gleichzeitig eine Hantel mit dem rechten Arm nach vorne und eine mit dem linken Arm zur Seite schieben.

Sticks

Hanteln

Schwimmbretter

besitzen eine große Oberfläche und erhöhen somit erheblich den Wasserwiderstand, dadurch werden Kräftigungsübungen sehr intensiv. Wegen des starken Auftriebs bieten sie ebenso wie die Aquanudel eine ideale Möglichkeit, Koordination und Gleichgewicht zu schulen. Außerdem eignen sich Schwimmbretter sehr gut für Partner- und Gruppenübungen.

Gymnastikstäbe

Sie bestehen aus verschiedenfarbigem Kunststoff und werden häufig für die Seniorengymnastik eingesetzt, weil sie durch den geringen Auftrieb und Wasserwiderstand ein sanftes Training mit niedriger Intensität garantieren. Allerdings ist das Gerät wegen der genannten Eigenschaften als Auftriebshilfe nicht geeignet und somit sind Übungen in horizontaler Körperlage schwer durchführbar. In manchen Schwimmbädern sind noch Gymnastikstäbe aus Holz vorzufinden; diese werden leider nach häufigem Gebrauch etwas unansehnlich, weil sie durch die ständige Nässe aufquillen. Sie sind deshalb nicht unbedingt zu empfehlen.

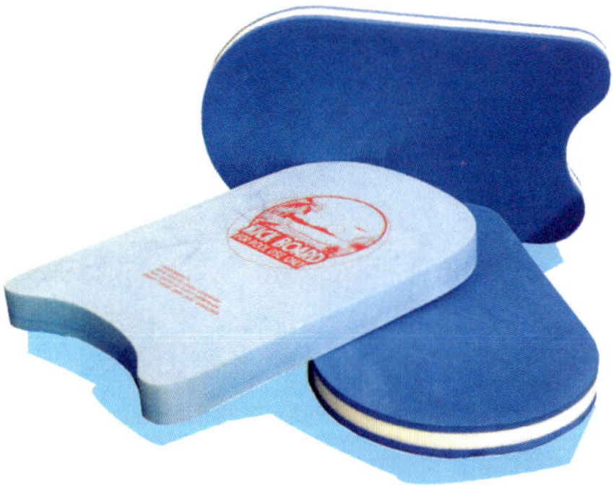

Schwimmbretter

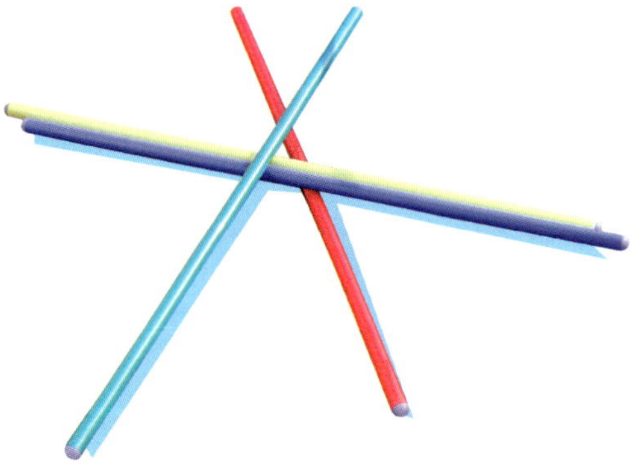

Gymnastikstäbe

Bälle

Verschiedene Bälle

Sie können in allen möglichen Varianten im Wasser eingesetzt werden. Tischtennisbälle, Tennisbälle, Igelbälle und Gymnastikbälle schwimmen, eignen sich für gymnastische Übungen und bilden eine schöne Ergänzung bei der Durchführung von Partnerübungen und Staffelspielen in Kombination mit den oben genannten Aquageräten. Wasser- und Overbälle (Overbälle werden aus weichem Kunststoff gefertigt und lassen sich mittels mitgeliefertem Strohhalm beliebig aufblasen, sodass sie auch einhändig gut zu greifen sind) bieten sich für Spiele aller Art an, wobei die aufblasbaren Plastikwasserbälle den Vorteil haben, dass man sie häufig in Form von Werbegeschenken gratis erhält. Auch Softbälle können im Wasser benutzt werden, allerdings saugen sie sich relativ schnell voll Wasser, was bei Wurfspielen nicht immer als angenehm betrachtet wird.

Aquagürtel (Auftriebsgürtel)

Sie ermöglichen ein Schweben im Wasser und erweitern somit enorm die Bewegungsmöglichkeiten im Tiefwasser. Der Aquagürtel wird meist ausschließlich als Auftriebshilfe benutzt, um das Trainieren mit Aquageräten zu erleichtern bzw. die Technik der Bewegungsausführung zu verbessern. Die Auftriebsgürtel werden von mehreren Herstellern in unterschiedlichen Ausführungen angeboten. Bei der Auswahl eines Aquagürtels sollte man darauf achten, dass dieser gut am Körper anliegt. Gürtel, die mit breiten, elastischen Verschlussbändern ausgestattet sind, sind oft angenehmer zu tragen, weil die Bänder weniger in die Haut einschneiden; besonders korpulente Teilnehmer wissen das zu schätzen.

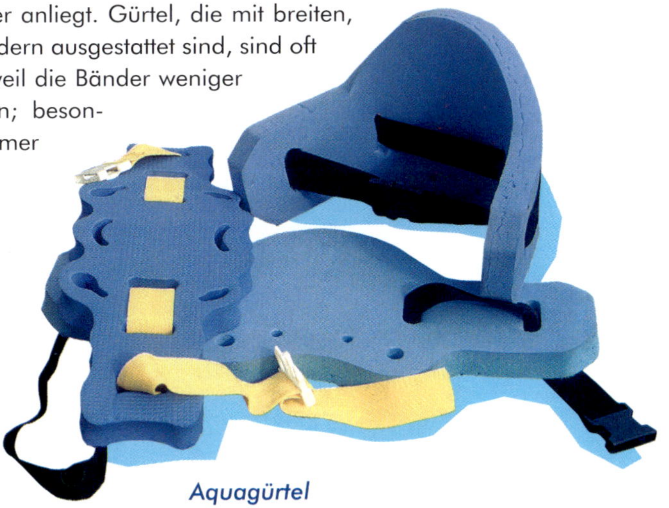

Aquagürtel

Die oben beschriebenen Aquageräte sind bei verschiedenen Herstellern erhältlich. Nähere Informationen zu den Bezugsquellen sind im Anhang aufgeführt.

Aquageräte sollten grundsätzlich vollkommen getrocknet sein, bevor sie in Regalen oder geschlossenen Schränken gelagert werden, weil sie sonst einen äußerst unangenehmen Geruch entwickeln. Besonders bei Schwimmbrettern ist vor dem Verstauen darauf zu achten, dass sie beidseitig getrocknet sind, sonst beginnen die Geräte leicht zu schimmeln.

2.2 Zum Aufbau des Buches

Da schon in zahlreichen Publikationen positive und negative Eigenschaften und Wirkungen des Wassers auf den Körper sowie dessen vielfältige Trainingseffekte ausführlich beschrieben wurden, möchte ich dieses zu Gunsten praktischer Anleitung nicht wiederholen.

Mir erscheint es wichtiger, zahlreiche Übungen mit entsprechend detaillierten Darstellungen von Ausführung, Ziel und Zweck der Bewegungen, Korrekturhinweise usw. in den Mittelpunkt zu stellen.

Die Gestaltung des Buches strebt an, gleichermaßen eine Anleitung zum individuellen Trainieren mit der „Nudel" als auch eine Anregung zur abwechslungsreichen Unterrichtsgestaltung in der Gruppe zu bieten.

Das bedeutet, dass sich dieses Buch sowohl an Sport- und Gymnastiklehrer, Sporttherapeuten, Sportlehrer, Physiotherapeuten und Übungsleiter als auch an aktive Menschen jeden Alters, die selbstständig etwas für sich und ihre Gesundheit tun wollen, richtet.

Der nach weiterer Erkenntnis Suchende sei auf die Literaturliste im Anhang verwiesen, denn inzwischen ist eine Reihe von Veröffentlichungen erschienen, in denen detailliert neuere trainingswissenschaftliche Hintergründe nachgelesen werden können.

3 Trainingsziele

Der Körper sollte, besonders im präventiven Gesundheitssport, immer umfassend trainiert werden, um muskuläre Dysbalancen zu verhindern bzw. auszugleichen. Durch lebhafte Bewegung im Wasser wird meist eine Vielzahl von Muskeln gleichzeitig beansprucht, sodass man grundsätzlich immer von einem *Ganzkörpertraining* sprechen kann.

Je nach Ausführung der verschiedenen Übungen lassen sich sowohl konditionelle Fähigkeiten wie Ausdauer, Kraft und Schnelligkeit sowie Beweglichkeit als auch die Koordination bestens schulen.

Propriorezeptives Training, d. h. das Training der Körperstellung im Raum mithilfe der Muskelempfindungen und -aktionen, nimmt derzeit einen immer größeren Platz im Fitness- und Wellnessbereich ein. Es bildet die Grundlage für eine unterbewusste, automatisierte Ausführung von Bewegungsabläufen und führt somit zu einer verbesserten Gelenkstabilisierung. So manche Verletzung im normalen Bewegungsalltag lässt sich durch dieses automatische Gleichgewicht (was einem leistungsfähigen Reaktionsvermögen entspricht) vermeiden. Die Aquanudel stellt hierbei ein ideales Hilfsmittel für das Training dar, denn mit ihr lassen sich sensomotorische Herausforderung, Verbesserung der allgemeinen Leistungsfähigkeit und Freude an der Bewegung optimal verbinden. Durch Widerstand und Auftrieb, den die Aquanudel im Wasser bietet, wird das Herz-Kreislauf-System und die Muskulatur zusätzlich beansprucht, was man mit einem Training durch Zusatzgewichte vergleichen kann. Weiterhin ist es möglich, die schwimmende Aquanudel zur Entspannung einzusetzen oder auch als Auftriebshilfe zu nutzen, wenn ein sanftes, rehabilitatives Training angestrebt wird.

Spezielle Zielgruppen

Personen mit körperlichen Einschränkungen empfinden es meist als sehr angenehm, im Wasser zu trainieren. Wirbelsäule, Gelenke und Bänder werden, bedingt durch den Wasserauftrieb, entlastet und die Ausatmung durch den Wasserdruck erleichtert.

Da die Aquanudel ein sehr variables Gerät darstellt, ist sie auch unter diesen Umständen gut einsetzbar.

Grundsätzlich sollten die Bewegungen dann eher langsam und bewusst ausgeführt werden. Von hohen Sprüngen in relativ flachem Wasser ist bei Erkrankungen am passiven Bewegungsapparat (Knochen, Gelenke, Bänder) abzusehen.

Patienten mit Herz-Kreislauf-Erkrankungen wie Hypertonie (Bluthochdruck), Herzrhythmusstörungen usw. sollten vor Beginn eines Trainings unbedingt einen Arzt konsultieren.

Versuche, auf deinen Körper zu „hören" und führe diejenigen Bewegungen durch, die dir gut tun! Übungen, bei denen Schmerzen oder ähnliches Unwohlsein auftreten, vermeide möglichst! Man sollte berücksichtigen, dass Bewegungen, die eine Person als wohltuend empfindet, von einer anderen als äußerst unangenehm betrachtet werden können!

4 Tipps und kleine Tricks

Mit jedem Kauf eines neuen Geräts erhält man normalerweise eine Gebrauchsanweisung, um keine „bösen Überraschungen" zu erleben. Damit also dein Training erfolgreich abläuft, habe ich die wichtigsten Regeln des Aquafitnesstrainings im Zusammenhang mit der Aquanudel noch einmal kurz für dich zusammengefasst.

4.1 Wassertiefe und Standfestigkeit

Fast alle Übungen mit der Aquanudel sind sowohl im Flach- als auch im Tiefwasser ausführbar. Allerdings erfordert das Bewegen im tiefen Wasser meist eine höhere Koordinationsfähigkeit als im flachen Wasser.

Die optimale Wassertiefe im Flachwasserbereich befindet sich ungefähr zwischen Brusthöhe und Bauchnabelhöhe.

Der Auftrieb jedes Menschen ist unterschiedlich. Auch die Gleichgewichtsfähigkeit variiert sehr stark zwischen verschiedenen Personen. Besonders Anfänger und häufig auch ältere Personen haben damit zu kämpfen, wenn sie Übungen im aufrechten Stand durchführen wollen. Manchmal helfen dabei schon kleine Tricks.

Während der Übungen, die im Stand ausgeführt werden, ist es besonders wichtig, die Bauch- und Gesäßmuskulatur anzuspannen, dadurch erhält man eine gewisse Körperstabilität. Ist es trotzdem nicht möglich, einen festen Stand zu erhalten, kann man den Beckenrand als Stütze benutzen, indem das Gesäß an die Wand gelehnt und der Oberkörper, möglichst gerade, leicht nach vorne gebeugt wird.

Auch die Wahl einer geringeren Wassertiefe gewährleistet schon eine sicherere Standposition.

Außerdem spielt die Bewegung der Hände zur Gleichgewichtsstabilisierung eine große Rolle. Wenn du also die Hände gerade nicht benötigst, um das Gerät zu bewegen, führe flache, achterförmige Bewegungen der Hände an der Wasseroberfläche durch, um die aufrechte Haltung zu sichern. Dabei zeigen die Handflächen nach unten. Diese Bewegung wird in Fachkreisen auch häufig *Sculling* genannt.

Fortgeschrittene können ganz bewusst bei der Durchführung von Gleichgewichtsübungen die Arme aus dem Wasser nehmen, um so die Schwierigkeit zu erhöhen.

Versuche, insbesondere bei schwierigen Übungen, darauf zu achten, dass eine gleichmäßige Ein- und Ausatmung erfolgt.

Sculling

Abhilfe bei Problemen mit dem Gleichgewicht:

- Bauch- und Gesäßmuskulatur anspannen!
- Geringere Wassertiefe wählen!
- Beckenrand als Stütze nutzen (Gesäß gegen die Wand lehnen)!
- Kreisende Bewegungen der Handflächen in Achterform an der Wasseroberfläche ausführen (Sculling).

4.2 Wassertemperatur

Die zweckmäßige Temperatur des Wassers für Aquafitness hängt von der Intensität des Trainings ab. Je intensiver man sich bewegt, desto kühler kann das Wasser sein. Empfohlen wird in der Regel eine Wassertemperatur von ca. 28-30° C. Für krankengymnastische Übungen oder bei Gelenkerkrankungen, wie z. B. Rheuma, sollte eher eine etwas höhere Temperatur (ca. 30-32° C) gewählt werden.

Sobald man beginnt zu frieren, sollte man das Becken verlassen.
Eine warme Dusche hilft in dieser Situation schon, den Körper wieder aufzuwärmen.

Vorsicht ist geboten bei intensivem Training in zu warmem Wasser, weil dadurch Herz-Kreislauf-Beschwerden auftreten können. Wenn man dann aus dem Wasser steigt, besteht zusätzlich die Gefahr eines Kollaps infolge stark erweiterter Blutgefäße.

Häufig wird einer ausreichenden Flüssigkeitszufuhr zu wenig Beachtung geschenkt, weil der typische Schweißausbruch während des Aquatrainings ausbleibt. Was nicht bedeuten soll, dass man im Wasser nicht zum Schwitzen kommen kann!!! Da sich nicht ergänzte Wasser- und Mineralstoffverluste nachteilig auf die körperliche und mentale Leistungsfähigkeit sowie auf das allgemeine Wohlbefinden auswirken, sollte man darauf achten, genügend zu trinken. Es wird durchschnittlich ungefähr 1 l Wasser Trinkmenge pro Trainingsstunde empfohlen.

4.3 Trainingsdauer

Die Trainingsdauer für Aquafitness liegt durchschnittlich im Bereich von 30-60 Minuten. Sie hängt von verschiedenen Faktoren wie Wassertemperatur, Wassertiefe, organisatorischen Begebenheiten, Trainingszielen und Leistungsniveau ab. Die Praxiserfahrung zeigt, dass für gesunde Normalpersonen Kurseinheiten von 45-minütiger Dauer zweckmäßig sind.

4.4 Trainingsintensität

Die einzelnen Bewegungen lassen sich durch geringe Veränderungen, die im Abschnitt „Intensitätssteuerung" näher erläutert werden, mehr oder weniger intensiv gestalten. Dadurch kann jeder die Belastung seinem Leistungsniveau entsprechend anpassen. In Gruppen ist so, bei gleichem Übungsangebot, eine gute Differenzierung möglich. Dies hat wiederum positive psychosoziale Effekte für die einzelnen Teilnehmer zur Folge: Alle fühlen sich wohl beim gemeinsamen Üben mit individuellen Ausführungen.

Durch die erwähnten positiven Eigenschaften des Wassers sind sogar häufig Personen mit chronischen Erkrankungen oder Verletzungen im subakuten Zustand in der Lage, schmerzfrei ein intensives Bewegungstraining durchzuführen.

Intensitätssteuerung

Die Trainingsintensität lässt sich durch das Bewegungstempo dosieren. Je schneller eine Bewegung ausgeführt wird, desto mehr werden Herz-Kreislauf-System und Muskulatur infolge der Erhöhung des Wasserwiderstands beansprucht.

Bewegt man sich im Wasser vorwärts, setzt man automatisch die Arme in entgegengesetzter Richtung ein, um die Bewegung zu erleichtern, das Gleiche gilt für eine Rückwärtsbewegung. Eine Intensitätssteigerung erfolgt, indem du gegen das Prinzip arbeitest, d. h., dass du z. B. vorwärts hüpfst und dabei gleichzeitig eine schaufelartige Bewegung der Arme nach vorne ausführst. Dies hat nicht nur einen höheren Kraftaufwand zur Folge, sondern auch eine intensive Koordinationsschulung, weil automatisierte Bewegungsabläufe verändert werden.

Eine vermehrte Belastung lässt sich ebenfalls auch mit einer Vergrößerung des Bewegungsausschlags erreichen. Die Gelenkmobilisierung bildet dabei einen zusätzlich positiven Effekt.

Du spürst auch die physikalischen Hebelgesetze im Wasser am eigenen Körper. Während eine Bewegung mit „lockerem" Gelenk meist ohne große Anstrengung durchführbar ist, wird das Trainieren mit gestreckten Gelenken und einer sich daraus ergebenden Körperspannung zu einer anspruchsvollen Körperübung. Der Einsatz der Aquanudel stellt hier außerdem einen hohen Anspruch an die Gleichgewichtsfähigkeit.

Je nach Leistungsniveau ist es möglich, Grundbewegungen in verschiedenen Trainingspositionen durchzuführen. Häufige Sprünge, die im Flachwasserbereich entsprechend hoch ausgeführt werden, dienen hervorragend der Schulung der allgemeinen aeroben sowie anaeroben Ausdauerfähigkeit. Auch hier bietet der Wasserwiderstand ein ideales Mittel zur Förderung der Sprungkraft. Die Benutzung der Aquanudel in Form eines *Hexenbesens* bewirkt dabei, zusätzlich zum Auftrieb des Wassers, eine Entlastung der Gelenke.

Arbeitet man im Gegensatz dazu ohne Bodenkontakt, wird die haltungsstabilisierende Muskulatur, besonders die Rumpfmuskulatur, beansprucht. Die Nudel kann bei solchen Übungen entweder als erleichterndes Hilfsmittel oder zur Intensitätssteigerung eingesetzt werden. Zum Beispiel hält man in einer senkrechten Körperposition im Tiefwasser die auf der Wasseroberfläche liegende Aquanudel hinter dem Körper mit beiden Armen, gleichzeitig werden die gestreckten Beine geöffnet und geschlossen (vgl. Kap. 5.4.1, Übung 34b). Die Aquanudel erleichtert diese Übung, indem sie als Auftriebshilfe fungiert. Hält man jedoch, in der gleichen Körperhaltung, die Aquanudel vor dem Körper, führt die Bewegung der Beine genauso aus und drückt gleichzeitig die Enden der Aquanudel zusammen und auseinander (vgl. Kap. 5.2, Übung 24b), wird die Bewegungsintensität erheblich gesteigert.

Die Auswahl der zu verwendenden Aquageräte hängt u. a. auch davon ab, wie intensiv das Trainingsprogramm gestaltet werden soll. Der Widerstand des Wassers erhöht sich mit der Oberflächengröße des eingesetzten Geräts, d. h., eine Übung wird mit einem Schwimmbrett kraftintensiver als mit einem Gymnastikstab.

Während der Übungen zur Kräftigung des Schultergürtels im Stand ist es sinnvoll, schultertief im Wasser zu stehen, um bei der Bewegungsausführung entsprechende Wirkungen zu erzielen. Der Krafteinsatz der Arme lässt sich hierbei unterschiedlich variieren. Zum Beispiel können sie aus der Seithalte entweder kräftig zum Körper gezogen und locker zurückgeführt oder locker angezogen und kräftig zurückgeführt werden. Je nach Krafteinsatz werden verschiedene Muskelgruppen in unterschiedlicher Intensität aktiviert. Führt man beide Bewegungsrichtungen mit großem Krafteinsatz durch, ist die Intensität entsprechend höher. Diese Variationsmöglichkeiten bieten sich besonders für ein Intervalltraining (s. Kap. 4.7) an.

Eine Intensitätssteuerung erfolgt zusätzlich über die Anzahl der Wiederholungen einer Übung in einer bestimmten Zeiteinheit. Anfängern wird empfohlen, eine Übung ca. 14-20 x zu wiederholen, danach eine kurze Ruhephase einzulegen und je nach Bedarf eine weitere Serie anzuschließen (Huey & Forster, 1997, Band 1, S. 37-53).

„Für die Kraftentwicklung im engeren Sinne der Trainingslehre sind Reizkonstellationen gefordert, die beim Training im Wasser nur eingeschränkt erreicht werden. Trainierbar ist im Wasser eigentlich nur die Kraftausdauer (hohe Wiederholungszahlen, kleine bis mittlere Widerstände).“

(Kozel, Schmitz & Wilke, 1998, S. 168)

Intensitätssteuerung

- Geschwindigkeit von Arm- und Beinaktionen verändern:
  Je schneller die Bewegung, desto anstrengender wird sie.

- Bewegungsumfang vergrößern:
  Je größer die Bewegung ausgeführt wird, desto intensiver ist sie.

- Hebelkraft verändern:
  Durch Vergrößern oder Verkleinern eines Arm- oder Beinhebels verändert sich die Intensität.
  Bsp.: Beinschwingen im Stand:
  - Lockeres Kniegelenk = kurzer Hebel = geringe Intensität.
  - Gestrecktes Kniegelenk = langer Hebel = starke Intensität.

- Variation der Trainingspositionen:
  Hohe Sprünge und das Bewegen ohne Bodenkontakt, der so genannte *Schwebezustand*, erhöhen die Bewegungsintensität.

- Oberfläche verändern:
  Je größer die Oberfläche, desto kraftintensiver wird das Training.

- Wiederholungszahlen auf Wohlbefinden abstellen und allmählich steigern!

4.5 Belastungskontrolle

Im Freizeitsport- und Gesundheitssportbereich ist es üblich, die Belastung über die Herzfrequenz zu kontrollieren. Da die Pulsfrequenz im Wasser durch verschiedene Faktoren, u. a. Wassertemperatur, Reflexe, individuelle Kälteempfindlichkeit und Körperlage, beeinflusst wird und es für viele, meist ältere Personen, oft schwierig ist, den eigenen Puls zu tasten und richtig zu zählen, erweist sich diese Kontrolle in der Praxis leider häufig als ungenau. Pulsmessgeräte bieten eine große Erleichterung, sind allerdings in seltensten Fällen vorhanden.

Erfolgt eine Handmessung der Herzfrequenz, sollte immer in der gleichen Körperhaltung an der Halsarterie gemessen werden.

Grundsätzlich kann man den zu erreichenden Trainingspuls errechnen, indem das Lebensalter von der Zahl 180 subtrahiert wird. Der beim Training erreichte Maximalpuls, der möglichst nicht überschritten wird, ergibt sich aus der Subtraktion des Lebensalters von der Zahl 220.

Die zu Beginn bestehende Tauchbradykardie, d. h. eine Herzfrequenzsenkung um ca. 10-15 Schläge/Minute, relativiert sich meist wieder unter Belastung, bei Wassertemperaturen über 25° C werden häufig gar keine Pulssenkungen registriert. Je wärmer das Wasser, desto geringer sollte die Belastungsintensität sein.

Der Erholungspuls wird schneller als an Land erreicht, weil das Wasser die Erholung des Herz-Kreislauf-Systems unterstützt, deshalb können Belastungspausen kürzer gestaltet werden als an Land. Die Belastungskontrolle anhand der Herzfrequenz sollte also nur als grober Anhaltspunkt dienen und nie als alleinige Grundlage benutzt werden (Birkner & Roschinsky, 1999).

Da auch die subjektive Belastungseinschätzung (Beschreibung auf vorgegebenen Skalen) durch die Teilnehmer selbst, je nach Tagesform, im Wasser manchmal trügt, trägt der Kursleiter diesbezüglich eine große Verantwortung. Sprechtests, d. h., die Teilnehmer sind nicht in der Lage, Fragen nach ihrem Befinden in ganzen Sätzen zu beantworten, und ein regelmäßiger Blick in die Gesichter der Teilnehmer helfen oft, die Belastungssituation richtig einzuschätzen und Trainingsintervalle angemessen zu steuern. Rote Gesichtsfarbe und verspannte Gesichtsausdrücke weisen häufig auf ein zu intensives Training hin.

Beim individuellen Training ist die Beobachtung des eigenen Atemrhythmus als Kontrolle hilfreich. Kannst du keinen normalen Satz mehr sprechen, ohne nach Atem zu ringen, ist die Belastung definitiv zu hoch. Um eine Pressatmung bei kraftbetonten Übungen zu vermeiden, solltest du jeweils in der anstrengenden Phase einer Bewegungsausführung ausatmen!

Für weitere Ausführungen zu diesem Thema möchte ich auf die zahlreiche Fachliteratur zur Trainingslehre verweisen (Wilke & Fessler, 1999; Birkner & Roschinsky, 1999; Weineck, 1990a).

4.6 Erstellen eines persönlichen Übungsprogramms

Die vorgestellten Übungen lassen sich fast in jeder erdenklichen Weise miteinander kombinieren.

Zur Schulung der Koordinationsfähigkeit sollte man möglichst Arme und Beine gleichzeitig in unterschiedliche Richtungen bewegen. Je besser deine koordinativen Fähigkeiten werden, desto komplizierter kannst du Arm- und Beinbewegungen gestalten.

Bei bestimmten Zielsetzungen, wie Ausdauersteigerung oder Gleichgewichtsverbesserung, solltest du allerdings bei der Übungszusammenstellung darauf achten, dass du Übungen mit entsprechenden Schwerpunkten auswählst und Bewegungsintensität sowie Belastungsumfang (Anzahl der Wiederholungen, Übungsdauer) dem Trainingsziel anpasst. Ansonsten hängt es also (nur) von deiner Fantasie und Neugierde ab, die unerschöpflichen Möglichkeiten der Aquanudel zu nutzen. Also, nur Mut bei der Programmzusammenstellung!

Man spricht von einem allgemeinen Ausdauertraining, wenn mindestens ein Siebtel der Skelettmuskulatur über einen Zeitraum von mindestens 20-35 Minuten aktiv wird. Hierzu eignen sich Übungen, die ohne hohen Kraftaufwand ausgeführt werden (z. B. Kap. 5.1, Übung 1a/1b; Kap. 5.2, Übung 9a/9b).

Mit dem Einsatz der Aquanudel oder von vergleichbaren alternativen Aquageräten wird ein Training in höherer Intensität ermöglicht, welches in der Regel einem Kraftausdauertraining entspricht. Die Belastung sollte, je nach Leistungsniveau, ca. zwischen 30 und 60 % der Maximalkraft liegen. Das Bewegungstempo spielt hierbei eine große Rolle. Die vorgestellten Übungen haben zwar häufig jeweils zielgerichtete Schwerpunkte zur Kräftigung spezieller Muskelgruppen zum Inhalt, trotzdem handelt es sich, bei korrekter Bewegungsausführung, überwiegend um Übungen, die das gesamte Muskelkorsett beanspruchen.

Zur Verbesserung der Beweglichkeit sind die Übungen jeweils möglichst großräumig und langsam auszuführen. Die entspannende Wirkung des Wassers erleichtert einen höheren Bewegungsumfang und verbessert so die Bewegungsfähigkeit. In Kapitel 8 werden Übungsbeispiele mit dem Ziel der Beweglichkeitsverbesserung vorgestellt.

In Kapitel 6 findest du Übungen, die hauptsächlich eine Schulung des Gleichgewichts erzielen.

Beginne das Übungsprogramm immer mit einem kurzen Aufwärmtraining von wenigstens 5-10 Minuten. Als Inhalte eignen sich leichte Laufformen oder kleine, federnde Sprünge in verschiedene Bewegungsrichtungen. Absolviere anschließend das Training, das auf deine individuellen Ziele ausgerichtet ist und beende die Übungseinheit mit lockeren, entspannenden Übungen (s. Kap. 8/9).

Weitere Hinweise, die eventuell dein persönliches Programm optimieren, findest du auch im nachfolgenden Kapitel.

4.7 Aufbau einer Stundeneinheit

Der Aufbau einer Aquastunde erfolgt nach den üblichen methodisch-didaktischen Prinzipien: Die Trainingseinheit beginnt mit einer Aufwärmphase (ca. 5-15 Minuten), die hauptsächlich eine Wassergewöhnung und eine Herz-Kreislauf-Aufwärmung zum Ziel hat. Es ist ratsam, besonders bei Anfängern, die Stunde mit leichten Basisbewegungen, z. B. Laufformen in Form von Bewegungsspielen, zu beginnen, die möglichst ohne Aquanudel ausgeführt werden, um den Teilnehmern Zeit zu lassen, sich an das Medium Wasser zu gewöhnen.

Eine Gewöhnungsphase mit Gerät, die koordinativ einfache Übungen beinhaltet, sollte dann folgen. Besonders im Tiefwasser spielt dies eine große Rolle, weil Aquanudel und Auftriebsgürtel eine Veränderung des Körperschwerpunkts bewirken und die Teilnehmer etwas Zeit benötigen, um ihre Körperbalance zu finden. Darum sind auch schnelle Richtungswechsel in dieser Phase möglichst zu vermeiden.

Der Hauptteil kann beispielsweise in Form von Aquarobic, Intervalltraining, Bewegungsgeschichten oder Ähnlichem durchgeführt werden, wobei ein ausgeglichenes Verhältnis zwischen Belastungs- und Erholungsphasen wichtig ist. Auch ein Stationstraining, bei dem man verschiedene Übungen und unterschiedliche Geräte im Flach- und Tiefwasser kombinieren kann, bietet eine nette Abwechslung. In allen Organisationsformen können verschiedene Trainingsziele miteinander verbunden werden, sodass ein umfassendes Körpertraining gewährleistet wird.

Das Cool down bzw. der Ausklang der Stunde lässt sich, abhängig vom Hauptteil, planen. Verschiedene Entspannungsformen mit und ohne Partner, kleine

Tänze oder Spiele runden eine Stunde optimal ab, denn das Gruppenerleben sollte in diesem Teil der Stunde im Vordergrund stehen. Damit die Teilnehmer das Wasser nicht mit einem „kalten Gefühl" verlassen, ist eine kurze Kreislaufaktivierung (z. B. in Form eines kleinen Tanzes) nach Entspannungsphasen sinnvoll.

Aquarobic

Dieses beinhaltet eine Kombination von Übungen, die in Form einer Choreografie mit Musikunterstützung durchgeführt werden.

Möchte man eine möglichst abwechslungsreiche Choreografie erstellen, ist es günstig, sich oft in verschiedene Richtungen im Schwimmbecken zu bewegen. Viele der Sprungbewegungen sind sowohl vorwärts, rückwärts als auch seitwärts in der Fortbewegung durchführbar. Außerdem bieten unterschiedliche Aufstellungsformen der Gruppe ein variables Training, d. h., die Teilnehmer können sich in Blockaufstellung, Kreisform oder in Reihen bewegen. Schnelle Richtungswechsel der gesamten Gruppe, die durch die Kursleiterin in Form von Handzeichen angegeben werden, intensivieren das Bewegungsprogramm.

Nähere Erläuterungen zum Musikeinsatz findest du in Kap. 4.8.

Intervalltraining

Hierbei handelt es sich um ein Training mit durch Pausen unterbrochenen Belastungen. Diese umfassen sowohl ein allgemeines Ausdauertraining als auch kraftbetonte Übungen. Die Belastungspausen sollten so lang sein, dass man sich erholt, aber die Herzfrequenz nicht zu stark absinkt (bis auf ca. 120 Schläge/min). Allerdings werden die Pausen aktiv gestaltet, d. h., es folgt eine geringe Weiterbelastung. Die Belastungszeiten und -pausen richten sich nach der Belastungsintensität. Je intensiver die Belastung, desto geringer fällt die Belastungszeit aus und umgekehrt, dabei können die Erholungspausen entsprechend gleichmäßig verlängert oder verkürzt werden. Intensitätswechsel sind über Musikwechsel (Bewegungstempo), Bewegungsumfang, Laufstile im Tiefwasser usw. steuerbar (Birkner & Roschinsky, 1999).

Beispiele:

Intervalle	Intensität in %	Erholungspause	Serienpause	Serienanzahl
5 x 1 min	85-90	2 min	—	—
3 x 2 min	85	30 s	2 min	4
3 x 4 min	80	45 s	3 min	3

(Birkner & Roschinsky, 1999)

Stationsbetrieb

Unterrichtet man eine große Gruppe und ist nur eine geringe Anzahl an Geräten vorhanden, bietet sich ein Stationsbetrieb an, um einen abwechslungsreichen Unterricht zu gestalten. Hierbei lassen sich unterschiedliche Geräte an den verschiedenen Trainingsstationen einsetzen. Die Anzahl der Stationen ist u. a. abhängig von der Teilnehmerzahl, pro Station sollten 2-4 Personen trainieren. Die Belastungsdauer pro Station variiert, je nach Leistungsniveau, zwischen 40 und 90 Sekunden. Im Flachwasser ist es ratsam, zwischen den einzelnen Stationswechseln ein kleines Ausdauerprogramm ohne Geräteeinsatz, eventuell in Form einer kleinen Choreografie, durchzuführen. Verschiedene Sprung- und Laufformen bilden hierfür die Basis. Dies hat den Vorteil, dass die Gruppendynamik durch das zwischenzeitliche gemeinsame Trainieren positiv beeinflusst wird und vorher speziell gekräftigte Muskelgruppen gelockert werden. Natürlich ist es auch möglich, die Stationen so zu organisieren, dass Ausdauer- und Kräftigungsstationen wechseln. Im Tiefwasser bietet es sich an, weiter entfernte Stationen mit verschiedenen Laufstilen anzusteuern.

Kleine, laminierte Schaubilder mit Übungsanweisungen, die am Beckenrand liegen, dienen den Teilnehmern als Gedächtnisstütze.

Übungsbeispiel für einen Stationsbetrieb im Flachwasser:

1. **Station:** „Boxen" mit Hanteln, dabei gleichzeitiges Joggen auf der Stelle.
2. **Station:** Gymnastikstab hinter dem Körper mit beiden Händen unter Wasser drücken, dabei schultertief im Wasser stehen.
3. **Station:** Seilhüpfen mit der Aquanudel (Kap. 5.2, Übung 19).
4. **Station:** Butterfly/Reverse in Grätschstellung mit Sticks durchführen.
5. **Station:** Zwei Teilnehmer stehen sich in Schrittstellung gegenüber und fassen jeweils mit der rechten und linken Hand je eine Seite der beiden Schwimmbretter, die mit der schmalen Seite unter Wasser gedrückt werden. Beide Partner führen Scherspründe aus und schieben gleichzeitig jeweils die Schwimmbretter vorwärts und rückwärts, wobei die Bewegung jeweils spiegelbildlich ausgeführt wird.
6. **Station:** Mit beiden Füßen gleichzeitig die Aquanudel unter Wasser auf- und abbewegen (Kap. 6, Übung 49a, Variationen).

Übungsbeispiel für einen Stationsbetrieb im Tiefwasser:

1. **Station:** Hampelmannbewegung in Senkrechtposition, dabei die Nudelenden vor dem Körper zusammendrücken und öffnen (Kap. 5.2, Übung 24b).
2. **Station:** Scherbewegung der Beine in Senkrechtposition, dabei die Arme mit Hanteln gegengleich bewegen.
3. **Station:** Froschsprung in Senkrechtposition, dabei gleichzeitig ein Schwimmbrett jeweils unter Wasser drücken (Kap. 5.2, Übung 13b, Variationen).
4. **Station:** Kickbewegung der Beine in Senkrechtposition, dabei gleichzeitiges Boxen mit Sticks.

Die Stationen mit verschiedenen Laufstilen (s. Kap. 5.1, Übungen 1b-3b) ansteuern.

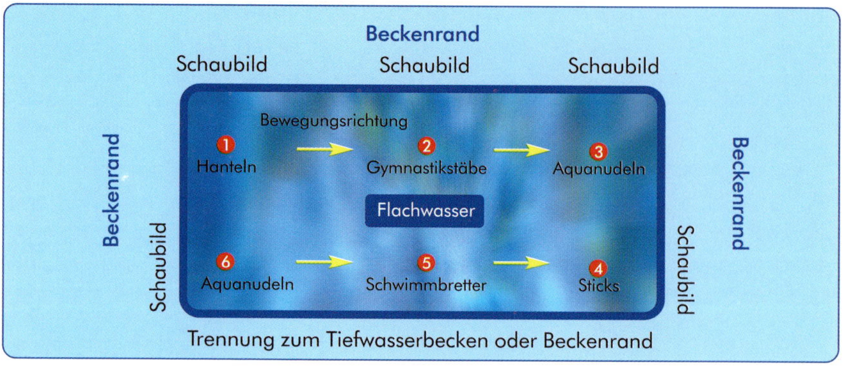

Organisationsskizze für einen Stationsbetrieb im Flachwasser

Bewegungsgeschichten

Sie bilden einen schönen Rahmen, um Kleine Spiele, Schwimmformen und Gymnastik interessant zu verpacken. Zusätzlich kann eine Vielzahl von gebräuchlichen und untypischen Aquageräten (z. B. Schwämme, Frisbeescheiben, Pezzibälle, Autoreifen usw.) kreativ eingesetzt werden. Trainingsformen wie Stationsbetrieb oder Intervalltraining sind integrierbar. Abhängig vom Alter und der Zusammensetzung der Gruppe bieten sich verschiedene Themen an. Beispielsweise stellen eine Dschungelreise, Zeitreise oder eine Reise in den Weltraum das Thema. Plötzlich wird die Aquanudel zum Spaceshuttle, das Schwimmbrett zum Paddel eines Kanus und der Gymnastikstab zu einem mittelalterlichen Schwert. Passende Musik unterstützt das Eintauchen in die Fantasiewelt.

4.8 Methodische Hinweise für den Kursleiter

Organisatorische Voraussetzungen

Räumliche Voraussetzungen wie Beckengröße, Wassertiefe, Wassertemperatur finden bei der Stundenplanung Berücksichtigung. Gleichzeitiger Badebetrieb während des Kurses erfordert oft ein diplomatisches Vorgehen des Kursleiters. Die maximale Teilnehmerzahl hängt von der Zielgruppe und der zur Verfügung stehenden Wasserfläche ab, sie sollte allerdings 16-20 Personen nicht überschreiten, weil sonst ausreichende Bewegungskorrekturen schwierig werden.

Musikverwendung

Musik spielt bei Bewegungen im Wasser hauptsächlich eine motivierende Rolle. Sie dient als rhythmische Unterstützung der Bewegungen und bedeutet eine koordinative Zusatzbelastung. Gerade für Anfänger, Senioren und Personen, die nicht über große Bewegungserfahrungen verfügen, stellt schon das Element Wasser und die Verwendung von Aquageräten eine neue und große Herausforderung dar, deshalb kann Musik unter Umständen auch störend wirken. Aus diesem Grund ist die Entscheidung, ob Musik eingesetzt wird oder nicht, und im Einsatzfall die richtige Auswahl der Musik sehr bedeutend.

Die Musikauswahl ist abhängig von der Gruppenzusammensetzung (Senioren stehen z. B. nicht unbedingt auf Hip-Hop). Man sollte die Musik möglichst so variieren, dass für jeden Geschmack etwas dabei ist. Partyhits, Schlager, Folklore, Oldies und „Ohrwürmer" bringen Stimmung in jeden Unterricht und wirken sehr anregend. Zu den typischen Bewegungen zur Musik zählen: Kickbewegungen zu Rock 'n' Roll oder Shakebewegungen zu Samba.

Da im Wasser nur langsamere Bewegungen als an Land möglich sind, werden in verschiedenen Lehrbüchern für das Musiktempo 110-140 BpM (Bassschläge pro Minute) empfohlen (Kozel et al., 1998, S. 170).

Verwendet man schnelle Musik, ist es sehr schwierig, im Takt zu arbeiten, allerdings motiviert es die Teilnehmer eher zu einer Steigerung ihres Bewegungstempos. Dazu eignen sich Lieder mit weniger ausgeprägten Bassschlägen, denn so bietet die Musik ein gutes Motivationsmittel. Es wirkt für den Trainierenden nicht störend, wenn er dem Takt nicht nachkommt. Der Kursleiter sollte aber dann die Teilnehmer darüber informieren, dass es nicht unbedingt erforderlich ist, den Takt einzuhalten, und er sollte möglichst auf ein Mitzählen verzichten.

Gleichmäßige Takte sind einfacher zu gestalten, z. B. beim Erarbeiten eines Tanzes, allerdings wirkt im Aquarobic eine gleichmäßig durchgehende Beatzahl, die beim Aerobic an Land üblich ist, im Wasser eher einschläfernd. Eigene Erfahrungen zeigen, dass mit wechselnden, sehr unterschiedlichen Musikstücken die Motivation am besten erhalten bleibt. Außerdem lassen sich so Belastungs- und Erholungsphasen bestens steuern.

Für die Erstellung einer Choreografie in Form eines Tanzes ist zu beachten, dass lange Zählzeiten, besonders für Richtungswechsel, verwendet werden, weil die Fortbewegung im Wasser erheblich langsamer erfolgt. Je unerfahrener die Teilnehmer sind, desto längere Taktzeiten sollten für verschiedene Bewegungen bzw. häufigere Wiederholungen einer Übung eingeplant werden. Hierzu bieten sich besonders Folklorelieder an.

Zu komplizierte Choreografien erfordern lange Erklärungen, die meist zum Frieren der Teilnehmer führen, gestalte deshalb lieber die Choreografie einfach!

Bei Entspannungsübungen kann eine beruhigende Musik zu einer Steigerung des Wohlbefindens beitragen.

Übungsansage

Da in Schwimmbädern häufig mit einer schlechten Akustik zu rechnen ist und der Musikeinsatz auch noch teilweise dazu beiträgt, sollte man als Kursleiter die Übungen langsam und deutlich demonstrieren. Lange Erklärungen schaden der Stimme und führen schnell dazu, dass die Teilnehmer frierend im Wasser stehen. Verbale Bewegungsanweisungen kommen oft nur bruchstückhaft bei den Teilnehmern an, deshalb ist eine ausgeprägte Mimik, Gestik und eine sehr genaue Demonstration durch den Kursleiter notwendig, z. B. ist es wichtig, selbst eine aufrechte Haltung einzunehmen oder die Armarbeit „wassertypisch" durchzuführen, um die Übungen besser zu veranschaulichen. Die Ausführung von Tiefwasserübungen bzw. von Übungen in einer Schwebeposition wird leichter, indem man sie auf einem Hocker oder einer Bank sitzend darstellt. Richtungswechsel, Drehungen oder verschiedene Ausgangsstellungen werden mithilfe von Handzeichen *(Cueing)* angegeben. Jeder Kursleiter kann sie individuell gestalten, doch sollte die zu unterrichtende Gruppe die Bedeutung der jeweiligen Handzeichen kennen.

Arbeitest du vom Beckenrand aus, solltest du während der Übungen nicht dauernd mitmachen, denn Sprünge oder ähnliche Bewegungen sind außerhalb des Beckens sehr anstrengend und Wirbelsäule sowie Fußgelenke werden dabei hohen Aufprallbelastungen ausgesetzt (deshalb wird für Kursleiter das Tragen von gedämpftem Schuhwerk empfohlen). Außerdem bietet es den Vorteil, dass die Teilnehmer Bewegungsgeschwindigkeit und Bewegungsumfang selbst individuell steuern können, somit wird ein differenziertes und dem Leistungsniveau angepasstes Training gewährleistet. Es hat sich bewährt, die Trainierenden eher durch Lob und Eigendynamik zu motivieren, als durch ein ständiges, wie im Aerobic an Land übliches Taktzählen der Übungswiederholungen.

Bewegungskorrekturen

Für Bewegungskorrekturen gilt grundsätzlich die Regel:

Gruppenkorrektur vor Einzelkorrektur!

Einzelkorrekturen sollten nicht zu früh und zu häufig durchgeführt werden, weil die Teilnehmer sonst eher demotiviert werden. Da typische Fehler meist bei mehreren Personen gleichzeitig beobachtet werden, reicht es oft schon aus, entsprechende Hinweise, die möglichst positiv formuliert sind, an die ganze Gruppe zu geben. Um dem kognitiven Lernziel gerecht zu werden, ist es wichtig, die Teilnehmer über Sinn und Zweck der einzelnen Übungen zu informieren sowie ihnen funktionelle Begebenheiten bewusst zu machen.

Achte bei der Durchführung von Kräftigungsübungen für die Schultergürtelmuskulatur auf einen schultertiefen Stand der Teilnehmer im Wasser!

Oft muss an eine aufrechte Körperhaltung und die Rumpfstabilisation erinnert werden.

Standort des Kursleiters

Die Entscheidung, ob der Kursleiter vom Beckenrand aus unterrichtet oder mit ins Wasser geht, ist nicht so einfach zu treffen, denn beides hat seine Vor- und Nachteile.

Wird vom Beckenrand aus unterrichtet, ist man für alle Teilnehmer besser sichtbar und Übungen lassen sich anschaulicher demonstrieren. Es erfordert allerdings umfangreiche Eigenerfahrungen des Kursleiters im Aquatraining, damit Bewegungen richtig dosiert, nicht zu schnell demonstriert und Bewegungskorrekturen besser durchgeführt werden können. Die Musikhandhabung ist vom Beckenrand aus leichter und Anweisungen für die Gruppe können von dort besser erfolgen. Die Standposition sollte so eingenommen werden, dass man möglichst immer für alle Teilnehmer sichtbar ist, dies erfordert häufig, besonders bei Aquarobic, einen guten Überblick und ein schnelles Wechseln der entsprechenden Positionen des Kursleiters.

Manchmal erfordert die Gruppenzusammensetzung, z. B. für die Paarbildung bei ungerader Teilnehmerzahl, ein Mittrainieren des Kursleiters im Wasser. Abhängig von der Gruppengröße, kann es von Vorteil sein, im Wasser mitzutrainieren, weil man so die Gruppe verbal führt und motiviert. Außerdem wird die Distanz zwischen Kursleiter und Gruppe vermindert. Im Wasser fällt das Demonstrieren von Übungen allerdings schwer, weil die Teilnehmer die Bewegungsausführung nicht richtig erkennen können. Unterrichtet man eine Gruppe schon über einen längeren Zeitraum und die Teilnehmer beherrschen die Bewegungsausführung, ist das dann von geringerer Bedeutung.

Eine Kombination beider Möglichkeiten bietet erfahrungsgemäß die beste Lösung.

5 Übungsvorschläge für verschiedene Ausgangsstellungen

Da es sich im Wasser fast ausschließlich um Ganzkörperübungen handelt, erfolgt die Einteilung der Übungen nicht nach den beanspruchten Muskelgruppen, sondern nach unterschiedlichen Ausgangsstellungen und Haltepositionen der Aquanudel.

Viele Bewegungen sind mit geringen Änderungen sowohl im Flachwasser als auch im Tiefwasser durchführbar. Diese werden zur besseren Übersicht anhand entsprechender Fotos nebeneinander dargestellt.

Aquajogging lässt sich in Kombination mit der Aquanudel abwechslungsreicher gestalten. Für die Durchführung einiger Übungen sind Kenntnisse der verschiedenen Laufstile des Aquajoggings von Vorteil.

Daher möchte ich zu Beginn dieses Kapitels auf die wichtigsten Merkmale des Laufens im Wasser hinweisen:

Beim Aquajogging werden die Lauftechniken Schritt-, Schreit-, Kniehebelauf und Robojogg unterschieden.

Schrittlauf

Beim Schrittlauf wird jeweils der Unterschenkel nach vorne geschwungen, dabei wird das Knie leicht angehoben, dann nach hinten über die Körperlängsachse hinweg zurückgeführt. Die Arme schwingen gleichmäßig im Schultergelenk mit. Der Schrittlauf eignet sich sehr gut für die Durchführung eines Ausdauertrainings.

Schreitlauf

Der Schreitlauf ähnelt in der Bewegungsausführung dem Schrittlauf, allerdings werden hier die Knie mehr angehoben und die Unterschenkel möglichst weit nach vorne geschwungen, auch die Streckung der Beine erfolgt weit nach hinten. Der Armschwung wird größer und kräftiger als beim Schrittlauf durchgeführt. Der Schreitlauf bietet sich für ein Kraftausdauertraining an.

Kniehebelauf

Bei dieser Technik hebt man die Knie wechselseitig über Hüfthöhe an. Der Unterschenkelschwung ist nur wenig ausgeprägt. Die Streckung des Beins erfolgt nach hinten unten. Der Laufstil ist mit dem Besteigen einer Treppe mit hohen Stufen vergleichbar und bietet sich besonders für ein Intervalltraining an, weil sich hier die Bewegungsfrequenz sehr gut erhöhen lässt. Die Arme schwingen, dem Bewegungstempo angepasst, kräftig mit.

Robojogg

Der Robojogg ist ein muskulär sehr anstrengender Laufstil, bei dem die vollständig gestreckten Beine nach vorne und hinten geführt werden. Die Fußspitze ist beim Nachvorneführen angehoben und beim Zurückführen des Beins gesenkt. Der Ellbogenwinkel beträgt in der Vorwärtsbewegung weniger als 90° und beim Zurückführen mindestens 90°.

Bei allen Laufstilen hat der Oberkörper eine leichte Vorlage, die Brustwirbelsäule ist gestreckt und die Bauchmuskulatur leicht angespannt.

Für nähere Ausführungen zum Thema *Aquajogging* verweise ich an dieser Stelle auf die zahlreich veröffentlichte Literatur (Birkner & Roschinsky, 1999; Wilke & Fessler, 1999).

Ein zusätzlich angelegter Aquagürtel erleichtert häufig das Trainieren mit der Aquanudel im Tiefwasser. Allerdings ist die Schwerpunktverlagerung des Körpers durch den Gürtel zu berücksichtigen. Möchtest du eine hohe Belastungsintensität erreichen, dann solltest du auf die zusätzliche Auftriebshilfe verzichten.

Schrittlauf Robo-Jogg Schreitlauf Kniehebelauf

Lauftechniken (nach: Birkner & Roschinsky, 1999)

Die Übungen, die sich besonders zur Wassergewöhnung und Aufwärmung eignen, sind mit einem ◆ gekennzeichnet.

Zur einfacheren Darstellung benutze ich in den Übungsbeschreibungen einige Abkürzungen:

- **AS** = Ausgangsstellung
- **ES** = Endstellung
- **AN** = Aquanudel
- **ZZ** = Zählzeiten

5.1 Die Aquanudel als „Hexenbesen"

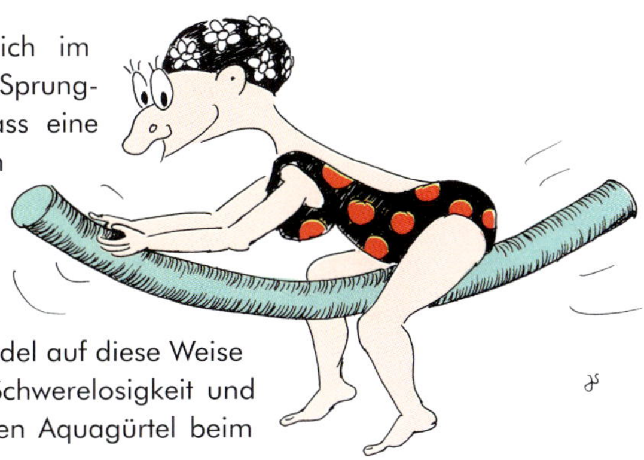

In dieser Trainingsposition lässt sich im Flachwasser eine große Anzahl von Sprungbewegungen durchführen, ohne dass eine hohe Aufprallbelastung besteht, denn die Aquanudel erhöht zusätzlich den Wasserauftrieb und trägt somit zur Entlastung der Gelenke bei.

Im Tiefwasser ermöglicht die Aquanudel auf diese Weise ein angenehmes Trainieren in der Schwerelosigkeit und kann ohne weiteres als Ersatz für den Aquagürtel beim Aquajogging dienen.

Übung 1a: Let's kick

Ausgangsstellung

Bewegungsausführung im Flachwasser:

AS: Aufrechter Stand, Aquanudel in Hexenbesenposition.

- Kleine, federnde Sprünge, dabei wechselseitige Kickbewegungen der Beine nach vorne durchführen.

Hinweise/Korrektur:

- Aufrechte Haltung.
- Körperspannung.
- Aktive Fuß- und Beinarbeit.
- Sculling.

Endstellung

Ziele:

- Kräftigung der Beinmuskulatur.
- Kräftigung der Rumpfmuskulatur.
- Kräftigung der Schultergürtelmuskulatur.
- Ausdauerfähigkeit und Sprungkraft.

Variationsmöglichkeiten:

a) Aktives Mitschwingen der Arme.
b) Zusätzliche Boxbewegungen der Arme, eventuell mit Einsatz von Hanteln oder Sticks.
c) Die Übungen am Platz oder in der Fortbewegung durchführen vorwärts/rückwärts/seitwärts.
d) Geschwindigkeit und Trainingsposition variieren (s. Kapitel 4.4).
e) Die Knie wechselseitig anheben.

Variante

Schrittlauf a)

Schrittlauf b)

Schrittlauf c)

Übung 1b: Let's kick

Bewegungsausführung im Tiefwasser:

AS: Aquanudel in Hexenbesenposition.

- Kick des Unterschenkels nach vorne – gestrecktes Bein nach hinten durchschwingen.
- Die Bewegung wechselseitig durchführen.
- Die Arme schwingen im Schultergelenk mit.
- Schrittlauf.

Hinweise/Korrektur:

- Bauch- und Gesäßmuskulatur anspannen.
- Die Beine weit nach hinten führen.
- Die Knie ebenfalls anheben.
- Aufrechte Haltung.

Ziele:

- Schulung der Ausdauer.
- Kräftigung der Beinmuskulatur.
- Kräftigung der Bauch- und Gesäßmuskulatur.
- Kräftigung der Rückenmuskulatur.
- Kräftigung der Schultergürtelmuskulatur.

Die Armbewegungen können mithilfe von Hanteln oder Sticks intensiviert werden.

Übung 2a: Jogging

Jogging

Bewegungsausführung im Flachwasser:
AS: Aufrechter Stand, Aquanudel in Hexenbesenposition.

- Jogging in verschiedene Bewegungsrichtungen vorwärts/seitwärts/rückwärts.
- Die Arme werden schaufelartig oder in Form von Schwimmbewegungen eingesetzt.

Hinweise/Korrektur:
- Aufrechte Haltung.
- Körperspannung.
- Aktive Fuß- und Beinarbeit.
- Aktive Armarbeit.

Ziele:
- Kräftigung der Beinmuskulatur.
- Kräftigung der Rumpfmuskulatur.
- Kräftigung der Schulter- und Armmuskulatur.
- Ausdauerfähigkeit.

Gleichzeitige Boxbewegungen der Arme, eventuell mit Einsatz von Hanteln oder Sticks, sind möglich.

Jogging

Übung 2b: Jogging

Bewegungsausführung im Tiefwasser:

AS: Aquanudel in Hexenbesenposition.

- Wechselndes Anheben der Knie – dynamisches Strecken des Beins nach hinten unten.
- Die Arme schwingen im Schultergelenk mit.
- Leichte Oberkörpervorlage.
- Kniehebelauf.

Hinweise/Korrektur:

- Bauch- und Gesäßmuskulatur anspannen.
- Die Wirbelsäule strecken.
- Den Fuß nach oben ziehen (Dorsalextension) beim Strecken des Beins.
- „Keine Radfahrbewegung".

Ziele:

- Schulung der Kraftausdauer.
- Kräftigung der Rumpfmuskulatur.
- Kräftigung der Beinmuskulatur.
- Kräftigung der Schulter- und Armmuskulatur.

Gleichzeitige Boxbewegungen der Arme, eventuell mit Einsatz von Hanteln oder Sticks, sind möglich.

Übung 3a: Robojogg

Bewegungsausführung im Flachwasser:

AS: Aufrechter Stand, Aquanudel in Hexenbesenposition.

- Schersprünge mit gestreckten Beinen und Armen ausführen.

Hinweise/Korrektur:

- Aufrechte Haltung.
- Aktive Fuß- und Beinarbeit.
- Die Beine während der gesamten Bewegung durchstrecken.
- Die Arme schwingen gegengleich mit und bleiben gestreckt.

Ziele:

- Kräftigung der Bein- und Gesäßmuskulatur.
- Kräftigung der Rumpfmuskulatur.
- Kräftigung der Schultergürtelmuskulatur.
- Ausdauerfähigkeit und Sprungkraft.
- Hand-Fuß-Koordinationsfähigkeit.

Variationsmöglichkeiten:

a) Die gestreckten Arme werden seitwärts bis Schulterhöhe gehoben und gesenkt, dabei zeigen die Handflächen jeweils nach unten (Abduktionsbewegung der Arme).

b) Der Armeinsatz kann mithilfe von Hanteln oder Sticks intensiviert werden.

Ausgangsstellung

Endstellung

Robojogg

Robojogg

Übung 3b: Robojogg

Bewegungsausführung im Tiefwasser:

AS: Aquanudel in Hexenbesenposition.

- Bewegen der Beine mit gestrecktem Kniegelenk.
- Die Fußspitze anheben beim Nachvorneführen der Beine.
- Die Fußspitze strecken beim Nachhintenführen der Beine.
- Die Arme schwingen im Schultergelenk mit.

Hinweise/Korrektur:

- Bauch- und Gesäßmuskulatur anspannen.
- Das Becken aufrichten.
- Die Beine während der gesamten Bewegung durchstrecken.
- Aufrechte Haltung.
- Die Schultern zurücknehmen.
- Die Arme schwingen gegengleich und bleiben gestreckt.

Ziele:

- Kräftigung der Bein- und Gesäßmuskulatur.
- Kräftigung der Schultergürtelmuskulatur.
- Stabilisation der Kniegelenke.

Variationsmöglichkeiten:

a) Die gestreckten Arme werden seitwärts bis Schulterhöhe gehoben und gesenkt, dabei zeigen die Handflächen jeweils nach unten (Abduktionsbewegung der Arme).

b) Der Armeinsatz kann mithilfe von Hanteln oder Sticks intensiviert werden.

Übung 4a: Hampelmann

Bewegungsausführung im Flachwasser:

AS: Aufrechter Stand, Aquanudel in Hexenbesenposition.

- Hampelmannsprünge mit aktivem Armeinsatz.

Hinweise/Korrektur:

- Aufrechte Haltung.
- Aktive Fuß- und Beinarbeit.
- Die Beine während der gesamten Bewegung durchstrecken.

Ziele:

- Kräftigung der Beinmuskulatur.
- Kräftigung der Beinabduktoren und -adduktoren.
- Kräftigung der Schultergürtelmuskulatur.
- Ausdauerfähigkeit und Sprungkraft.

Variationsmöglichkeiten:

a) Die Arme werden gestreckt vor- und rückgeschwungen (Anteversion/Retroversion).

b) Die Arme werden aus der gestreckten Vorhalte, mit den Handflächen zueinander zeigend, knapp unterhalb der Wasseroberfläche zur Seite und wieder zurückgeführt (Butterfly-/Reversebewegung).

c) Der Armeinsatz kann mithilfe von Hanteln oder Sticks intensiviert werden.

Ausgangsstellung

Endstellung

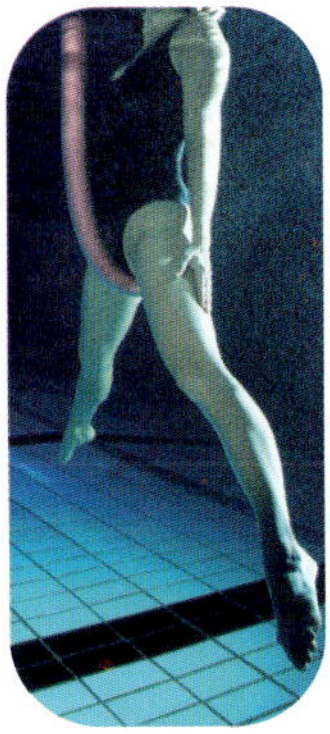

Ausgangsstellung *Endstellung*

Ausgangsstellung Variante (b)

Endstellung Variante (b)

Übung 4b: Hampelmann

Bewegungsausführung im Tiefwasser:

AS: Aquanudel in Hexenbesenposition.

- Gestreckte Beine öffnen und schließen, dabei gestreckte Arme aus der Seithalte zum Körper ziehen (Abduktion/Adduktion).

Hinweise/Korrektur:

- Aufrechte Haltung.
- Körperspannung.
- Die Beine sind während der gesamten Bewegung gestreckt.
- Beim Öffnen der Beine, die Arme zum Körper ziehen.

Ziele:

- Kräftigung der Beinmuskulatur.
- Kräftigung der Beinabduktoren und -adduktoren.
- Kräftigung der Schultergürtelmuskulatur.
- Stabilisation der Kniegelenke.

Variationsmöglichkeiten:

a) Die Arme werden gestreckt vor- und rückgeschwungen (Anteversion/Retroversion).

b) Die Arme werden aus der gestreckten Vorhalte, mit den Handflächen zueinander zeigend, unterhalb der Wasseroberfläche zur Seite geführt (Butterfly-/Reversebewegung).

c) Der Armeinsatz kann mithilfe von Hanteln oder Sticks intensiviert werden.

Übung 5a: Schaukeln

Bewegungsausführung im Flachwasser:

AS: Schrittstellung, Aquanudel in Hexenbesenposition.

- Wechselndes Hüpfen vom rechten auf das linke Bein, dabei den Oberkörper jeweils nach vorne und hinten schwingen, bei gleichzeitiger, schaufelartiger Armarbeit.

Hinweise/Korrektur:

- Die Wirbelsäule strecken.
- Aktive Fuß- und Beinarbeit.
- Aktiver Armeinsatz.

Ziele:

- Kräftigung der Beinmuskulatur.
- Kräftigung der Rumpfmuskulatur.
- Ausdauerfähigkeit und Sprungkraft.

Variationsmöglichkeiten:

a) Die Arme entgegengesetzt zur Bewegungsrichtung des Körpers einsetzen.

b) Der Armeinsatz kann mithilfe von Hanteln oder Sticks intensiviert werden.

Ausgangsstellung

Endstellung

Variante(a)

Ausgangsstellung

Endstellung

Übung 5b: Schaukeln

Bewegungsausführung im Tiefwasser:

AS: Schrittstellung, Aquanudel in Hexenbesenposition.

- Mit Schaufelbewegungen der Arme den Oberkörper jeweils nach vorne und hinten schwingen.

Hinweise/Korrektur:

- Bauch- und Gesäßmuskulatur anspannen.
- Die Wirbelsäule strecken.

Ziele:

- Kräftigung der Rumpfmuskulatur.
- Kräftigung der Schulter- und Armmuskulatur.

Variationsmöglichkeit:

a) Der Armeinsatz kann mithilfe von Hanteln oder Sticks intensiviert werden.

Übung 6a: Stehaufmännchen

Bewegungsausführung im Flachwasser:

AS: Grätschstellung, Aquanudel in Hexenbesenposition.

- Wechselndes Hüpfen vom rechten auf das linke Bein, dabei den Oberkörper jeweils zur Standbeinseite schwingen, bei gleichzeitiger, schaufelartiger Armarbeit.

Hinweise/Korrektur:

- Die Wirbelsäule strecken.
- Aktive Fuß- und Beinarbeit.
- Arme unterstützend einsetzen.

Ziele:

- Kräftigung der Beinmuskulatur.
- Kräftigung der Rumpfmuskulatur.
- Ausdauerfähigkeit und Sprungkraft.

Variationsmöglichkeit:

a) Die Übung in der Fortbewegung durchführen.

Ausgangsstellung

Endstellung

Stehaufmännchen

Übung 6b: Stehaufmännchen

Bewegungsausführung im Tiefwasser:

AS: Aquanudel in Hexenbesenposition.

- Mit Schaufelbewegungen der Arme den Oberkörper jeweils zur rechten und linken Seite schwingen.

Hinweise/Korrektur:

- Aufrechte Haltung.
- Die Arme aktiv einsetzen.

Ziele:

- Kräftigung der Rumpfmuskulatur.
- Kräftigung der Beinmuskulatur.
- Kräftigung der Abduktoren.
- Kräftigung der Schulter- und Armmuskulatur.

Variationsmöglichkeit:

a) Die Übung in der Fortbewegung durchführen.

Übung 7: Felskletterer

Bewegungsausführung im Flach- und Tiefwasser:

AS: Bauchlage, auf der AN liegend.

- Eine Kletterbewegung nachahmen: Schaufelbewegung der Arme, dabei Beine im Wechsel beugen und strecken.

Hinweise/Korrektur:

- Kein Passgang (d. h.: Arm und Bein einer Körperseite gehen nicht gleichzeitig nach vorn, sondern gegengleich arbeiten).

Ziele:

- Kräftigung der Schultergürtelmuskulatur.
- Kräftigung der Beinmuskulatur.
- Kräftigung der Rumpfmuskulatur.
- Koordinationsschulung.
- Ausdauerfähigkeit.

Felskletterer

Übung 8: Tretbootfahren

Bewegungsausführung im Flach- und Tiefwasser:

AS: In Rückenlage auf der AN liegend.

- Beidseitiges Anziehen und Strecken der Beine mit angezogener Fußspitze (Dorsalflexion).

Hinweise/Korrektur:

- Körperspannung.
- Scullingbewegung der Hände.

Ziele:

- Kraftausdauer.
- Kräftigung der Beinmuskulatur.
- Kräftigung der Rumpfmuskulatur.
- Gleichgewichtsschulung.

Ausgangsstellung

Endstellung

5.2 Die Aquanudel vor dem Körper

Übung 9a: Formel-1

Formel-1

Bewegungsausführung im Flachwasser:

AS: AN mit gestreckten Armen unter Wasser halten.

- Joggen.

Hinweise/Korrektur:

- Aufrechte Körperhaltung.
- Die Ellbogengelenke strecken.
- AN in der Mitte schulterbreit fassen.
- AN unter der Wasseroberfläche halten.

Ziele:

- Wassergewöhnung.
- Allgemeine Aufwärmung.
- Kräftigung Schultermuskulatur.
- Kräftigung der Beinmuskulatur.

Diese Übung ist auch mit Sticks, Hanteln, Schwimmbrett oder Gymnastikstab möglich.

Variationsmöglichkeiten:

a) Mit Kicks vorwärts oder rückwärts laufen.
b) Sich mit Strecksprüngen fortbewegen.
c) Sich mit Skippings fortbewegen.

Formel-1

Übung 9b: Formel-1

Bewegungsausführung im Tiefwasser:

AS: AN mit gestreckten Armen unter Wasser halten.

- Schrittlauf (genaue Beschreibung in Kap. 5.1).

Hinweise/Korrektur:

- Leichte Oberkörpervorlage.
- Bauch- und Gesäßmuskulatur anspannen.
- Die Beine weit nach hinten führen.
- Das Hüftgelenk strecken (keine Sitzposition).
- AN in der Mitte schulterbreit fassen.
- Ein Aquagürtel ist von Vorteil.

Ziele:

- Wassergewöhnung.
- Allgemeine Aufwärmung.
- Kräftigung der Schultergürtelmuskulatur.
- Kräftigung der Beinmuskulatur.
- Stabilisation der Körperhaltung.
- Ausdauerfähigkeit.

Diese Übung ist auch mit Sticks, Hanteln, Schwimmbrett, Gymnastikball oder Gymnastikstab möglich.

Variationsmöglichkeit:

a) Kniehebelauf, Robojogg (Kap. 5.1).

Übung 10a: Einen Teig rollen

Bewegungsausführung im Flachwasser:
AS: Schrittstellung.

- AN unter der Wasseroberfläche vorwärts und rückwärts schieben.

Hinweise/Korrektur:

- Leichte Oberkörpervorlage.
- Die Wirbelsäule strecken.
- Schultertief im Wasser stehen.
- Die Schultern nicht nach oben ziehen.
- Gesäß- und Bauchmuskulatur anspannen.
- AN in der Mitte schulterbreit fassen.

Ziele:

- Kräftigung der Schultergürtelmuskulatur.
- Stabilisation der Körperhaltung.

Diese Übung ist auch mit Schwimmbrett möglich, wobei das Brett an beiden Seiten gehalten wird, oder mit einem Gymnastikstab. Hanteln oder Sticks können gleichzeitig oder wechselseitig vorwärts und rückwärts bewegt werden.

Ausgangsstellung

Endstellung

Wechselseitiges Vor- und Rückschieben der Sticks

Ausgangsstellung Variante (a)

Variationsmöglichkeiten:

a) AN wechselseitig diagonal nach rechts und links vor- und zurückschieben.
b) Mit der AN horizontale Kreisbewegungen unter der Wasseroberfläche durchführen.
c) Die Übungen mit verschiedenen Fortbewegungsarten kombinieren: vorwärts oder rückwärts joggen, hüpfen, kicken usw.

Endstellung Variante (a)

Ausgangsstellung Variante (b)

Mittelstellung Variante (b)

Endstellung Variante (b)

Übung 10b: Einen Teig rollen

Bewegungsausführung im Tiefwasser:

- Schrittlauf, dabei AN unter der Wasseroberfläche vorwärts und rückwärts schieben.

Hinweise/Korrektur:

- Leichte Oberkörpervorlage.
- Die Wirbelsäule strecken.
- Gesäß- und Bauchmuskulatur anspannen.
- Die Schultern nicht nach oben ziehen.
- AN in der Mitte schulterbreit fassen.
- Ein Aquagürtel ist von Vorteil.

Ziele:

- Kräftigung der Schultergürtelmuskulatur.
- Ausdauerfähigkeit.
- Stabilisation der Körperhaltung.

Diese Übung ist auch mit Sticks, Hanteln, Schwimmbrett oder Gymnastikstab möglich. Allerdings kann die Intensität mit Schwimmbrett für Anfänger zu hoch sein. Hanteln und Sticks sind hier auch wechselseitig einsetzbar.

Variationsmöglichkeiten:

a) Schrittlauf, dabei AN wechselseitig diagonal nach rechts und links vor- und zurückschieben.

b) Die Übungen mit verschiedenen Laufstilen kombinieren: Kniehebelauf, Robojogg.

Ausgangsstellung

Endstellung

Variante (a)

Ausgangsstellung

Mittelstellung

Endstellung

Übung 11a: Mississippidampfer

Bewegungsausführung im Flachwasser:
AS: Grätsch- oder Schrittstellung.

- AN vorwärts kreisen.

Hinweise/Korrektur:

- Bauch- und Gesäßmuskulatur anspannen.
- Die Wirbelsäule strecken.
- Schultertief im Wasser stehen.
- AN schulterbreit fassen.

Ziele:

- Kräftigung der Schultergürtelmuskulatur.
- Stabilisation der Körperhaltung.

Diese Übung ist auch mit Sticks, Hanteln oder Gymnastikstab möglich.
Mit dem Schwimmbrett werden eher schaufelartige Bewegungen durchgeführt.

Variationsmöglichkeiten:

a) Die Kreisbewegungen in Geschwindigkeit, Bewegungsumfang und Bewegungsrichtung variieren.

b) AN mit gestreckten Armen aus der Vorhalte in Richtung Beine drücken, AN genauso zurückführen, Arme bleiben während der gesamten Bewegung gestreckt.

Übung 11b: Mississippidampfer

Bewegungsausführung im Tiefwasser:
- Senkrechte Körperposition, dabei mit der AN eine Kreisbewegung vor dem Körper durchführen.

Hinweise/Korrektur:
- Körperspannung.
- Bauch- und Gesäßmuskulatur anspannen.
- Die Wirbelsäule strecken.
- AN schulterbreit fassen.
- Ein Aquagürtel ist von Vorteil.

Ziele:
- Kräftigung der Schultergürtelmuskulatur.
- Stabilisation der Rumpfmuskulatur.

Diese Übung ist auch mit Sticks, Hanteln oder Gymnastikstab möglich.

Mit dem Schwimmbrett werden eher schaufelartige Bewegungen durchgeführt.

Ausgangsstellung

Mittelstellung

Endstellung

Ausgangsstellung Variante (a)

Endstellung Variante (a)

Variationsmöglichkeiten:

a) AN mit gestreckten Armen aus der Vorhalte in Richtung Beine drücken, AN genauso zurückführen, Arme bleiben während der gesamten Bewegung gestreckt.

b) Die Übung mit Kniehebelauf kombinieren.

c) Die Übung mit Schrittlauf kombinieren.

Übung 12a: Kanufahren

Bewegungsausführung im Flachwasser:
AS: Grätschstellung.

- Eine Paddelbewegung mit der AN nachahmen.

Hinweise/Korrektur:

- Aufrechte Haltung.
- Bauch- und Gesäßmuskulatur anspannen.
- Schultertief im Wasser stehen.
- AN nicht zu eng greifen.

Ziele:

- Kräftigung der Schultergürtelmuskulatur.
- Mobilisation des Schultergelenks.
- Stabilisation der Körperhaltung.

Diese Übung ist auch mit dem Gymnastikstab durchführbar.

Variationsmöglichkeiten:

a) Gleiche Übung in eine andere Bewegungsrichtung durchführen.
b) Die Übung mit Joggen kombinieren.

Ausgangsstellung

Endstellung

Kanufahren

Kanufahren

Übung 12b: Kanufahren

Bewegungsausführung im Tiefwasser:

- Schrittlauf, dabei Paddelbewegung mit der AN.

Hinweise/Korrektur:

- Leichte Oberkörpervorlage.
- Bauch- und Gesäßmuskulatur anspannen.
- Die Wirbelsäule strecken.
- Ein Aquagürtel ist von Vorteil.

Ziele:

- Kraftausdauer.
- Kräftigung der Schulter- und Armmuskulatur.
- Kräftigung der Beinmuskulatur.

Diese Übung ist auch mit dem Gymnastikstab durchführbar.

Variationsmöglichkeiten:

a) Gleiche Übung in eine andere Bewegungsrichtung durchführen.
b) Die Übung mit Kniehebelauf durchführen.

Übung 13a: Wasserpumpe

Bewegungsausführung im Flachwasser:
AS: Grätsch- oder Schrittstellung.
- AN mit den Handflächen vor dem Körper nach unten drücken.

Hinweise/Korrektur:
- Aufrechte Haltung.
- Bauch- und Gesäßmuskulatur anspannen.
- Schultertief im Wasser stehen.
- AN schulterbreit fassen.
- Die Schultern nicht nach oben ziehen.
- Die Unterarme beugen und strecken.

Ziele:
- Kräftigung der Schultergürtelmuskulatur.
- Kräftigung der Rumpfmuskulatur.
- Stabilisation der Körperhaltung.

Diese Übung ist mit Sticks, Hanteln sowohl wechselseitig als auch gleichzeitig, mit Gymnastikstab oder Schwimmbrett durchführbar.

Das Schwimmbrett kann, je nach Kraftniveau, mit der breiten oder schmalen Seite nach unten gedrückt werden.

Drückt man die breite Seite unter Wasser, können die Handflächen auf das Brett gelegt werden oder man fasst das Schwimmbrett jeweils am seitlichen Rand. Beim Training mit der schmalen Seite des Bretts wird es ebenfalls an den seitlichen Rändern gehalten.

Ausgangsstellung

Endstellung

Variante (a)

Variationsmöglichkeiten:

a) Die Übung mit Froschsprung (= Sprung mit ausgedrehten, geöffneten Knien und zueinander zeigenden Fußsohlen) kombinieren.

b) AN links diagonal vor dem Körper nach unten drücken – mit gestreckten Armen unter der Wasseroberfläche nach rechts schieben und zur Wasseroberfläche führen – AN auf der Wasseroberfläche nach links schieben: kreisförmige Bewegung.

Übung 13b: Wasserpumpe

Bewegungsausführung im Tiefwasser:

AS: Senkrechte Körperposition.

- AN vor dem Körper nach unten drücken.

Hinweise/Korrektur:

- Körperspannung.
- Die Wirbelsäule strecken.
- AN schulterbreit fassen.
- Die Schultern nicht nach oben ziehen.
- Die Arme beugen und strecken.

Ziele:

- Kräftigung der Schultergürtelmuskulatur.
- Kräftigung der Rumpfmuskulatur.
- Stabilisation der Körperhaltung.

Diese Übung ist mit Sticks, Hanteln sowohl wechselseitig als auch gleichzeitig, oder mit einem Gymnastikstab durchführbar, allerdings ist dabei ein Aquagürtel von Vorteil.

Das Schwimmbrett kann, je nach Kraftniveau, mit der breiten oder schmalen Seite nach unten gedrückt werden. Auf Grund des hohen Auftriebs des Bretts ist ein Aquagürtel nicht unbedingt notwendig.

Ausgangsstellung

Endstellung

Ausgangsstellung Variante (b)

Endstellung Variante (b)

Variationsmöglichkeiten:

a) Die Übung mit Froschsprung kombinieren.

b) Die Übung mit einer Hampelmannbewegung kombinieren.

c) AN links diagonal vor dem Körper nach unten drücken – unter der Wasseroberfläche zur rechten Körperseite führen – auf der Wasseroberfläche AN nach links schieben: kreisförmige Bewegung.

Übung 14: Klettersteig

Bewegungsausführung im Flach- und Tiefwasser:

AS: Grätschstellung im Flachwasser.

AS: Senkrechte Körperposition im Tiefwasser, AN unter Wasser drücken in Stützposition.

- Die Hände greifen, am rechten Aquanudelende beginnend, jeweils im Wechsel entlang der AN; dann die gleiche Übung, am linken Ende beginnend, in Richtung rechtes Ende durchführen.

Hinweise/Korrektur:

- Aufrechte Haltung, Körperspannung.
- Bauch- und Gesäßmuskulatur anspannen.
- Schultertief im Wasser stehen (Flachwasser).
- AN bleibt unter der Wasseroberfläche.
- Die Schultern nicht hochziehen.
- Die Arme gestreckt in Stützposition halten.

Ziele:

- Kräftigung der Schultergürtelmuskulatur.
- Stabilisation der Körperhaltung.
- Koordination.

Diese Übung ist mit dem Gymnastikstab auch durchführbar, allerdings wird im Tiefwasser ein Aquagürtel benötigt. Der Kraftaufwand ist bei der Durchführung mit dem Gymnastikstab erheblich geringer.

Klettersteig

Klettersteig

Ausgangsstellung

Mittelstellung

Endstellung

Übung 15: In der Suppe rühren

Bewegungsausführung im Flach- und Tiefwasser:

AS: Schritt- oder Grätschstellung im Flachwasser.

AS: Senkrechte Körperposition im Tiefwasser.

- Die Enden der AN senkrecht halten und beidhändig umfassen.
- Eine horizontale Kreisbewegung ausführen.

Hinweise/Korrektur:

- Die Wirbelsäule strecken.
- Bauch- und Gesäßmuskulatur anspannen.
- Die Schultern nicht hochziehen.
- Schultertief im Wasser stehen (Flachwasser).

Ziele:

- Kräftigung der Schultergürtelmuskulatur.
- Stabilisation der Körperhaltung.
- Kräftigung der Rumpfmuskulatur.

Diese Übung ist auch mit dem Gymnastikstab oder Schwimmbrett durchführbar. Nimmt man beide Sticks bzw. Hanteln senkrecht mit beiden Händen zusammen, kann die Bewegung ähnlich ausgeführt werden.

Variationsmöglichkeit:

a) Achterbewegungen durchführen.

Du kannst die Aquanudel auch zu einer Brezel formen und die Übungen, wie oben beschrieben, durchführen.

Die durch die Brezelform veränderte Oberfläche der Aquanudel bewirkt einen höheren Widerstand beim Ausüben der Bewegung und somit kann eine Intensitätssteigerung erzielt werden.

Variation a)

Variation b)

Übung 16: Im Galopp

Bewegungsausführung im Flach- und Tiefwasser:

- Seitwärts laufen oder hüpfen, dabei AN aktiv in die entgegengesetzte Bewegungsrichtung schieben.

Hinweise/Korrektur:

- Aufrechte Haltung.
- Bauch- und Gesäßmuskulatur anspannen.
- Die Schultern nicht nach oben ziehen.
- Ein Aquagürtel ist im Tiefwasser von Vorteil.

Ziele:

- Kräftigung der Bein- und Gesäßmuskulatur.
- Kräftigung der Rumpfmuskulatur.

Die Bewegungsausführung ist auch mit Sticks, Hanteln, Gymnastikstab oder Schwimmbrett durchführbar, allerdings erleichtert ein Aquagürtel die Übung im Tiefwasser.

Im Galopp, Flachwasser

Im Galopp, Tiefwasser

Übung 17a: Let's twist

Bewegungsausführung im Flachwasser:

- Twistsprünge zur rechten und linken Seite ausführen, dabei die AN unter der Wasseroberfläche jeweils in die entgegengesetzte Richtung schieben.

Hinweise/Korrektur:

- AN schulterbreit fassen.
- Aufrechte Haltung.
- Bauch- und Gesäßmuskulatur anspannen.
- Aktiver Fußeinsatz.

Ziele:

- Kräftigung der Bein- und Gesäßmuskulatur.
- Kräftigung der Rumpfmuskulatur.
- Mobilisation der Hüftgelenke und Wirbelsäule.

Hanteln, Sticks, Gymnastikstab oder Schwimmbrett können für diese Übung auch verwendet werden.

Ausgangsstellung

Endstellung

Variante (a)

Variante (b)

Variationsmöglichkeiten:

a) Twistsprünge mit Anheben der Oberschenkel, diagonal vor dem Körper, kombinieren.

b) Twistsprünge mit Unterschenkelkicks, diagonal vor dem Körper, kombinieren.

c) Bewegungsumfang, Trainingsposition und Geschwindigkeit variieren (s. Kap. 4.4).

Übung 17b: Let's twist

Bewegungsausführung im Tiefwasser:

AS: Senkrechte Körperposition, Stützposition der Arme.

- AN unter der Wasseroberfläche nach rechts und links schieben, dabei den Körper jeweils in die Gegenrichtung drehen.

Hinweise/Korrektur:

- AN schulterbreit fassen.
- Körperspannung.
- Die Wirbelsäule strecken.
- Die Schultern nicht nach oben ziehen.

Ziele:

- Stabilisation der Schultergelenke.
- Stabilisation der Körperhaltung.

Hanteln, Sticks, Gymnastikstab oder Schwimmbrett können für diese Übung auch verwendet werden, ein Aquagürtel erleichtert die Bewegungsausführung.

Ausgangsstellung

Endstellung

Ausgangsstellung Variante (a) *Endstellung Variante (a)*

Ausgangsstellung Variante (b) *Endstellung Variante (b)*

Ausgangsstellung Variante (c) *Endstellung Variante (c)*

Variationsmöglichkeiten:

a) Twisten mit Anheben der Oberschenkel diagonal vor dem Körper kombinieren.

b) Twisten mit Unterschenkelkicks diagonal vor dem Körper kombinieren.

c) In Hockposition trainieren.

Übung 18: Erschwertes Twisten mit dem Schwimmbrett

Bewegungsausführung im Flach- und Tiefwasser:

AS: Das Schwimmbrett wird mit der Längsseite zwischen die Oberschenkel oder Unterschenkel geklemmt.

- Twistbewegung mit Unterstützung der Arme durchführen.

Hinweise/Korrektur:

- Aufrechte Haltung.
- Bauch- und Gesäßmuskulatur anspannen.
- Aktiver Fußeinsatz im Flachwasser (Sprungbewegung).
- Die Füße bleiben geschlossen.
- Ein Aquagürtel ist im Tiefwasser von Vorteil.

Ziele:

- Kräftigung der Bein- und Gesäßmuskulatur.
- Kräftigung der Beinadduktoren.
- Kräftigung der Schultergürtelmuskulatur.

Ausgangsstellung

Mittelstellung

Twisten im Tiefwasser

Hinweis:
Die Schwimmbretter kommen oft mit hoher Geschwindigkeit an die Wasseroberfläche, deshalb auf nahe stehende Personen achten!

Mittelstellung

Endstellung

Übung 19: Seilhüpfen

Bewegungsausführung im Flach- und Tiefwasser:

AS: Stützposition der Arme.

- Mit beiden Beinen angehockt vorwärts und rückwärts über die AN springen.

Hinweise/Korrektur:

- AN schulterbreit fassen.
- Die Arme bleiben im Ellbogengelenk gestreckt.
- Die Wirbelsäule strecken.
- Bauch- und Gesäßmuskulatur anspannen.
- Den Schwerpunkt des Körpers über die AN bringen.

Ziele:

- Stabilisation der Schultergelenke.
- Kräftigung der Sprungmuskulatur.
- Ausdauer.
- Mobilisation der Hüftgelenke.

Die Übung kann auch mit dem Stab oder dem Schwimmbrett durchgeführt werden, allerdings setzt dies eine höhere Beweglichkeit als mit der Aquanudel voraus.

Variationsmöglichkeit mit dem Schwimmbrett:

a) Beide Handflächen werden mit gestreckten Ellbogengelenken auf das Brett gestützt, wobei die Hände auf der flachen Längsseite des Bretts liegen; mit Grätschsprüngen (Bocksprünge) das Brett überspringen, ohne das Brett festzuhalten.

Übung 20: Beinchen wechsel dich

Bewegungsausführung im Flach- und Tiefwasser:

AS: Stützposition der Arme.

- Mit den Beinen jeweils wechselseitig über die AN springen.

Hinweise/Korrektur:

- AN schulterbreit fassen.
- Die Arme bleiben im Ellbogengelenk gestreckt.
- Die Wirbelsäule strecken.
- Bauch- und Gesäßmuskulatur anspannen.
- Die Beine sind jeweils in der Endposition gestreckt.

Ziele:

- Stabilisation der Schultergelenke.
- Kräftigung der Sprungmuskulatur.
- Ausdauer.
- Mobilisation der Hüftgelenke.
- Koordination.

Die Übung kann auch mit dem Stab durchgeführt werden, allerdings setzt dies eine höhere Beweglichkeit als mit der Aquanudel voraus.

Ausgangsstellung

Mittelstellung

Ausgangsstellung

Endstellung

Übung 21a: Zeigt her eure Füße

Bewegungsausführung im Flachwasser:

AS: AN mit gestreckten Armen in Vorhalte.

- Die Knie vor dem Körper wechselseitig zur Wasseroberfläche führen.

Hinweise/Korrektur:

- Aufrechte Haltung.
- Die Arme bleiben gestreckt.
- AN bleibt an der Wasseroberfläche.
- Bauch- und Gesäßmuskulatur anspannen.

Ziele:

- Kräftigung der Bein- und Hüftmuskulatur.
- Mobilisation der Hüftgelenke.

Sticks, Hanteln, Gymnastikstab oder Schwimmbrett können für diese Übung auch verwendet werden.

Variationsmöglichkeiten:

a) Die Knie, im Hüftgelenk ausgedreht, wechselseitig zur Wasseroberfläche führen.
b) Gestreckte Beine wechselseitig zur Wasseroberfläche führen.
c) Die Übungen mit Armarbeit kombinieren: Jeweils gegengleich rechte/linke Seite der AN nach unten drücken.
d) Die Übungen mit kleinen Sprungbewegungen ausführen.

Variante (a)

Variante (b)

Variante (c)

Zeigt her eure Füße

Variante (a)

Variante (b)

Übung 21b: Zeigt her eure Füße

Bewegungsausführung im Tiefwasser:

AS: AN mit gestreckten Armen in Vorhalte.

- Die Knie vor dem Körper im Wechsel zur Wasseroberfläche führen.

Hinweise/Korrektur:

- Aufrechte Haltung.
- Bauch- und Gesäßmuskulatur anspannen.
- Ein Aquagürtel ist von Vorteil.

Ziele:

- Kräftigung der Rumpfmuskulatur.
- Mobilisation der Hüftgelenke.
- Stabilisation der Körperhaltung.

Sticks, Hanteln, Gymnastikstab oder Schwimmbrett können auch für diese Übung verwendet werden.

Variationsmöglichkeiten:

a) Die Knie ausgedreht im Wechsel zur Wasseroberfläche führen.
b) Gestreckte Beine wechselseitig zur Wasseroberfläche führen.
c) Die Übung mit Armarbeit kombinieren: Jeweils gegengleich rechte/linke Seite der AN nach unten drücken.

Übung 22: Schaukelpferd

Bewegungsausführung im Flachwasser:

AS: Schrittstellung.

- Schaukelsprünge vorwärts und rückwärts ausführen, dabei AN jeweils in die entgegengesetzte Richtung des Oberkörpers schieben.

Hinweise/Korrektur:

- AN schulterbreit fassen.
- Die Wirbelsäule strecken.
- Den Oberkörper in die Bewegung miteinbeziehen.
- AN bleibt unter der Wasseroberfläche.

Ziele:

- Kräftigung der Sprungmuskulatur.
- Kräftigung der Rumpfmuskulatur.
- Ausdauer.

Sticks, Hanteln, Gymnastikstab oder Schwimmbrett können auch für diese Übung verwendet werden.

Ausgangsstellung

Endstellung

Variante (a)

Ausgangsstellung Variante (b)

Endstellung Variante (b)

Variationsmöglichkeiten:

a) Schaukelsprünge vorwärts und rückwärts, dabei AN jeweils in die Bewegungsrichtung des Oberkörpers schieben.
b) Schaukelsprünge seitwärts, dabei AN jeweils nach rechts und links schieben.
c) Bewegungsumfang, Trainingsposition und Geschwindigkeit variieren.

Übung 23a: Känguru

Ausgangsstellung

Endstellung

Bewegungsausführung im Flachwasser:

- Hocksprünge in der Vorwärtsbewegung, dabei AN schaufelartig aktiv miteinsetzen.

Hinweise/Korrektur:

- AN schulterbreit fassen.
- Die Wirbelsäule strecken.
- AN mit gestreckten Armen nach unten drücken.

Ziele:

- Kraftausdauer.
- Kräftigung der Schulter- und Armmuskulatur.
- Kräftigung der Beinmuskulatur.
- Koordination.

Sticks, Hanteln, Gymnastikstab oder Schwimmbrett können auch für diese Übung verwendet werden.

Variationsmöglichkeit:

a) Die gleiche Übung in Rückwärtsbewegung, dabei AN in die andere Richtung kreisen.

Ausgangsstellung

Endstellung

Übung 23b: Känguru

Bewegungsausführung im Tiefwasser:

- Hocksprünge in der Vorwärtsbewegung, dabei AN schaufelartig aktiv miteinsetzen.

Hinweise/Korrektur:

- AN schulterbreit fassen.
- Die Wirbelsäule strecken.

Ziele:

- Kraftausdauer.
- Kräftigung der Schultergürtelmuskulatur.
- Koordination.

Sticks, Hanteln, Gymnastikstab oder Schwimmbrett können auch für diese Übung verwendet werden, dabei ist ein Aquagürtel von Vorteil.

Variationsmöglichkeit:

a) Die gleiche Übung in Rückwärtsbewegung, dabei AN in die andere Richtung kreisen.

Übung 24a: Jumping Jack

Bewegungsausführung im Flachwasser:

- Hampelmannsprünge, dabei die Nudelenden jeweils zusammendrücken und öffnen.

Hinweise/Korrektur:

- Die Hände unter Wasser bewegen.
- Aufrechte Haltung.
- Aktiver Fußeinsatz.
- Nudel geschlossen = Beine geöffnet.

Ziele:

- Kraftausdauer.
- Kräftigung der Brust- und Armmuskulatur.
- Kräftigung der Beinabduktoren und -adduktoren.
- Koordination.

Mit Hanteln oder Sticks ist diese Übung ähnlich ausführbar, dabei werden die Geräte jeweils mit der rechten und linken Hand unter Wasser vor dem Körper zusammengeführt.

Ausgangsstellung

Endstellung

Ausgangsstellung Variante (a)

Endstellung Variante (a)

Variationsmöglichkeit:

a) Schersprünge bei gleich bleibender Armbewegung.

Übung 24b: Jumping Jack

Bewegungsausführung im Tiefwasser:
AS: Senkrechtposition.

- Hampelmannsprünge, dabei die Nudelenden jeweils zusammendrücken und öffnen.

Hinweise/Korrektur:

- Die Hände unter Wasser bewegen.
- Aufrechte Haltung.
- Körperspannung.
- Nudel geschlossen = Beine geöffnet.
- Ein Aquagürtel ist von Vorteil.

Ziele:

- Kräftigung der Beinabduktoren und -adduktoren.
- Stabilisation der Körperhaltung.
- Kräftigung der Brust- und Armmuskulatur.
- Koordination.

Mit Hanteln oder Sticks ist diese Übung ähnlich ausführbar, dabei werden die Geräte jeweils mit der rechten und linken Hand unter Wasser zusammengeführt.

Ausgangsstellung

Endstellung

Ausgangsstellung Variante (a)

Endstellung Variante (a)

Variationsmöglichkeit:

a) Schersprünge bei gleich bleibender Armbewegung.

Übung 25a: Trampolin

Bewegungsausführung im Flachwasser:

AS: Aufrechter Stand.

- Hockstrecksprünge nach vorne und hinten ausführen, bei gleichzeitigem Anhocken und Strecken der Beine.

Hinweise/Korrektur:

- Beim Wechsel der Positionen jeweils die Beine anhocken.
- In der jeweiligen Endstellung die Beine strecken.
- Die Füße berühren jeweils vor den Endstellungen den Boden.
- Die Aquanudel aktiv einsetzen.
- Bauch- und Gesäßmuskulatur anspannen.

Ziele:

- Kräftigung der Sprungmuskulatur.
- Kräftigung der Rumpfmuskulatur.
- Kraftausdauer.
- Koordination.

Diese Übung ist auch mit Hanteln oder Sticks ausführbar.

Ausgangsstellung

Endstellung I

Ausgangsstellung II

Endstellung II

Ausgangsstellung Variante (a)

Endstellung Variante (a)

Variationsmöglichkeit:

a) Hockstrecksprünge jeweils zur rechten und linken Seite ausführen.

Übung 25b: Trampolin

Bewegungsausführung im Tiefwasser:

AS: Waagerechte Körperposition.

- Wechseln der Körperlage: Aus der Bauchlage in die Rückenlage und umgekehrt bei gleichzeitigem Anhocken und Strecken der Beine.

Hinweise/Korrektur:

- Beim Wechsel der Positionen jeweils die Beine anhocken.
- In jeweiliger Endstellung Beine strecken.
- Bauch- und Gesäßmuskulatur anspannen.
- Die Aquanudel aktiv einsetzen.

Ziele:

- Kräftigung der Rumpfmuskulatur.
- Koordination.
- Kraftausdauer.

Diese Übung ist auch mit Hanteln oder Sticks ausführbar.

Variationsmöglichkeit:

a) Hockstrecksprünge jeweils zur rechten und linken Seite ausführen.

Ausgangsstellung

Mittelstellung

Endstellung

5.3 Die Aquanudel seitlich vom Körper

Übung 26a: Noodle Diving

Ausgangsstellung

Endstellung

Bewegungsausführung im Flachwasser:

AS: Schrittstellung.

- AN nach unten drücken.

Hinweise/Korrektur:

- Aufrechte Haltung.
- Bauch- und Gesäßmuskulatur anspannen.
- Schultertief im Wasser stehen.
- Die Schultern nicht nach oben ziehen.
- Kein Mitschwingen des Oberkörpers.

Ziele:

- Kräftigung der Schulter- und Armmuskulatur.
- Kräftigung der Rumpfmuskulatur.
- Stabilisation der Körperhaltung.

Mit Sticks oder Hanteln wird die Übung mit beiden Armen gleichzeitig oder wechselseitig ausgeführt.

Das Schwimmbrett kann an der schmalen Längsseite gehalten und so unter Wasser gedrückt werden, oder man legt für die Übung die Handfläche auf die Mitte des Bretts, was eine höhere Kraftintensität zur Folge hat.

Die Bewegungsausführung mit dem Gymnastikstab gleicht der oben beschriebenen Übung.

Ausgangsstellung

Endstellung

Übung 26b: Noodle Diving

Bewegungsausführung im Tiefwasser:

AS: Senkrechte Körperposition mit Körperspannung oder kleine Beinkicks am Platz ausführen.

- AN nach unten drücken.

Hinweise/Korrektur:

- Körperspannung.
- Die Schultern nicht nach oben ziehen.
- Kein Mitschwingen des Oberkörpers.
- Ein Aquagürtel ist von Vorteil.
- Eventuell zwei Aquanudeln benutzen (rechts und links gleichzeitig arbeiten).

Ziele:

- Kräftigung der Schulter- und Armmuskulatur.
- Stabilisation der Körperhaltung.

Mit Sticks oder Hanteln wird die Übung beidseitig ausgeführt.

Das Schwimmbrett kann an der schmalen Seite gehalten und so unter Wasser gedrückt werden.

Die Bewegungsausführung mit dem Gymnastikstab gleicht der oben beschriebenen Übung.

Übung 27a: Nudelpendel

Bewegungsausführung im Flachwasser:

AS: Schrittstellung.

- AN mit gestrecktem Arm vor- und rückschwingen.

Hinweise/Korrektur:

- Aufrechte Haltung.
- Bauch- und Gesäßmuskulatur anspannen.
- Schultertief im Wasser stehen.
- Die Schultern nicht nach oben ziehen.
- Kein Mitschwingen des Oberkörpers.
- Der Arm bleibt im Ellbogengelenk gestreckt.

Ziele:

- Kräftigung der Schultergürtelmuskulatur.
- Kräftigung der Rumpfmuskulatur.
- Stabilisation der Körperhaltung.
- Stabilisation des Schultergelenks.

Die Übung kann auch mit Sticks und Hanteln, mit beiden Armen gleichzeitig oder wechselseitig, oder mit dem Gymnastikstab ausgeführt werden.

Variationsmöglichkeit:

a) AN kreisförmig vorwärts bewegen, dabei den Arm jeweils beugen und strecken (die gleiche Übung in entgegengesetzte Bewegungsrichtung).

Ausgangsstellung

Endstellung

Ausgangsstellung

Endstellung

Übung 27b: Nudelpendel

Bewegungsausführung im Tiefwasser:

AS: Senkrechte Körperposition mit Körperspannung oder kleine Beinkicks am Platz ausführen.

- AN mit gestrecktem Arm vor- und rückschwingen.

Hinweise/Korrektur:

- Körperspannung.
- Die Schultern nicht nach oben ziehen.
- Kein Mitschwingen des Oberkörpers.
- Ein Aquagürtel ist von Vorteil.
- Eventuell zwei Aquanudeln benutzen (rechts und links gleichzeitig arbeiten).

Ziele:

- Kräftigung der Schulter- und Armmuskulatur.
- Stabilisation der Körperhaltung.
- Stabilisation des Schultergelenks.

Die Übung kann auch mit Sticks, Hanteln oder Gymnastikstab ausgeführt werden.

Variationsmöglichkeiten:

a) AN kreisförmig vorwärts bewegen, dabei den Arm jeweils beugen und strecken (die gleiche Übung in entgegengesetzte Bewegungsrichtung).
b) Die Übung mit Robojogg kombinieren, wobei zwei AN jeweils gegengleich bewegt werden.

Übung 28: Seilzug

Bewegungsausführung im Flach- und Tiefwasser:

AS: Schritt- oder Grätschstellung im Flachwasser.

AS: Senkrechte Körperposition im Tiefwasser.

- AN mit gestrecktem Arm aus der Seithalte zu den Beinen führen.

Hinweise/Korrektur:

- Aufrechte Haltung.
- Körperspannung.
- Die Schultern nicht nach oben ziehen.
- Kein Mitschwingen des Oberkörpers.
- Der Arm bleibt während der ganzen Bewegung gestreckt.
- Schultertief im Wasser stehen (Flachwasser).
- Eventuell zwei Aquanudeln benutzen (rechts und links gleichzeitig arbeiten).

Ziele:

- Kräftigung der Schulter- und Armmuskulatur.
- Stabilisation des Schultergelenks.
- Stabilisation der Körperhaltung.

Die Übung kann auch mit Sticks, Hanteln oder Gymnastikstab ausgeführt werden.

Variationsmöglichkeit:

a) Mit der Aquanudel eine kreisförmige Bewegung durchführen, dabei wird der Arm gebeugt und gestreckt.

Ausgangsstellung

Endstellung

Ausgangsstellung

Endstellung

Übung 29a: Türöffner mit Sticks

Bewegungsausführung im Flachwasser:

AS: Grätsch- oder Schrittstellung.

- Die um 90° angewinkelten Unterarme im Ellbogengelenk beidseitig nach außen rotieren.

Hinweise/Korrektur:

- Aufrechte Haltung.
- Körperspannung.
- Die Schultern nicht nach oben ziehen.
- Die Oberarme am Körper anlegen.
- Die Ellbogengelenke haben immer Kontakt zum Körper.
- Schultertief im Wasser stehen.

Ziele:

- Kräftigung der Schulterrotatorenmanschette.
- Stabilisation des Schultergelenks.
- Stabilisation der Körperhaltung.

Die Übung kann auch mit Hanteln ausgeführt werden.

Variationsmöglichkeit:

a) Die gestreckten Arme aus der Vorhalte zur Seite führen.

Ausgangsstellung Variante (a)

Endstellung Variante (a)

Ausgangsstellung

Endstellung

Übung 29b: Türöffner mit Sticks

Bewegungsausführung im Tiefwasser:

AS: Senkrechte Körperposition.

- Die um 90° angewinkelten Unterarme im Ellbogengelenk beidseitig nach außen rotieren.

Hinweise/Korrektur:

- Aufrechte Haltung.
- Körperspannung.
- Die Schultern nicht nach oben ziehen.
- Die Oberarme am Körper anlegen.
- Die Ellbogengelenke haben immer Kontakt zum Körper.

Ziele:

- Kräftigung der Schulterrotatorenmanschette.
- Stabilisation des Schultergelenks.
- Stabilisation der Körperhaltung.

Die Übung kann auch mit Hanteln ausgeführt werden.

Variationsmöglichkeit:

a) Die gestreckten Arme aus der Vorhalte zur Seite führen.

NICHT SPRINGEN

5.4 Die Aquanudel hinter dem Körper

5.4.1 Übungen in senkrechter Position

Übung 30a: Sitzpolstermassage

Bewegungsausführung im Flachwasser:
AS: Grätschstellung.

- AN mit beiden Armen nach unten drücken.

Hinweise/Korrektur:

- Aufrechte Haltung.
- Bauch- und Gesäßmuskulatur anspannen.
- Schultertief im Wasser stehen.
- Die Schultern nicht nach oben ziehen.
- AN schulterbreit fassen.

Ziele:

- Kräftigung der Schulter- und Armmuskulatur.
- Stabilisation des Schultergelenks.
- Stabilisation der Körperhaltung.

Die Übung ist auch mit dem Gymnastikstab ausführbar, das Schwimmbrett sollte mit der schmalen Seite unter Wasser gedrückt werden.

Ausgangsstellung

Endstellung

Ausgangsstellung Variante (a)

Endstellung Variante (a)

Variationsmöglichkeiten:

a) AN mit gestreckten Armen vom Körper wegdrücken und ranziehen.
b) Die gleiche Übung kreisförmig ausführen, dabei Arme beugen und strecken.

Übung 30b: Sitzpolstermassage

Bewegungsausführung im Tiefwasser:

AS: Senkrechte Körperposition mit Körperspannung oder kleine Beinkicks am Platz ausführen.

- AN mit beiden Armen nach unten drücken.

Hinweise/Korrektur:

- Körperspannung.
- Die Wirbelsäule strecken.
- Die Schultern nicht nach oben ziehen.
- AN schulterbreit fassen.

Ziele:

- Kräftigung der Schulter- und Armmuskulatur.
- Stabilisation des Schultergelenks.
- Stabilisation der Körperhaltung.

Die Übung ist auch mit dem Gymnastikstab ausführbar, dabei ist allerdings ein Aquagürtel hilfreich.

Das Schwimmbrett sollte mit der schmalen Seite unter Wasser gedrückt werden.

Variationsmöglichkeiten:

a) AN mit gestreckten Armen vom Körper wegdrücken und ranziehen.

b) Die gleiche Übung kreisförmig ausführen, dabei Arme beugen und strecken.

Ausgangsstellung

Endstellung

Ausgangsstellung

Endstellung

Übung 31a: Pendeluhr

Bewegungsausführung im Flachwasser:

AS: Grätschstellung.

- AN mit gestreckten Armen nach rechts und links schieben.

Hinweise/Korrektur:

- Aufrechte Haltung.
- Bauch- und Gesäßmuskulatur anspannen.
- Schultertief im Wasser stehen.
- Die Schultern nicht nach oben ziehen.
- AN schulterbreit fassen.

Ziele:

- Kräftigung der Schultergürtelmuskulatur.
- Mobilisation des Schultergelenks.
- Stabilisation der Körperhaltung.

Die Übung ist mit dem Gymnastikstab sowie mit dem Schwimmbrett durchführbar.

Variationsmöglichkeit:

a) AN kreisförmig von rechts nach links bewegen (vertikale Kreise).

Übung 31b: Pendeluhr

Bewegungsausführung im Tiefwasser:

AS: Senkrechte Körperposition mit Körperspannung oder kleine Beinkicks am Platz ausführen.

- AN mit gestreckten Armen nach rechts und links schieben.

Hinweise/Korrektur:

- Körperspannung.
- Die Wirbelsäule strecken.
- Die Schultern nicht nach oben ziehen.

Ziele:

- Kräftigung der Schultergürtelmuskulatur.
- Stabilisation des Schultergelenks.
- Stabilisation der Körperhaltung.

Die Übung ist mit dem Gymnastikstab sowie mit dem Schwimmbrett durchführbar, allerdings ist ein Aquagürtel von Vorteil.

Variationsmöglichkeit:

a) AN kreisförmig von rechts nach links bewegen (vertikale Kreise).

Ausgangsstellung

Endstellung

Ausgangsstellung

Mittelstellung

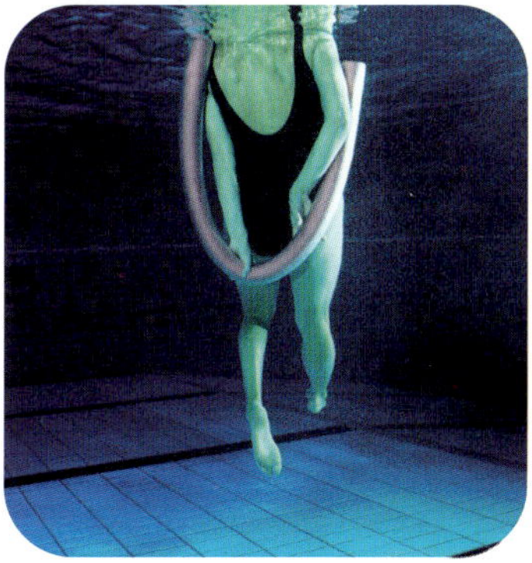

Endstellung

Übung 32: Fassadenklettern

Bewegungsausführung im Flach- und Tiefwasser:

AS: Grätschstellung im Flachwasser.

AS: Senkrechte Körperposition im Tiefwasser.

- Arme in Stützposition: Die Hände greifen im Wechsel entlang der waagerecht liegenden AN, diese dabei unter Wasser halten.

Hinweise/Korrektur:

- Aufrechte Haltung.
- Körperspannung.
- Die Schultern nicht nach oben ziehen.
- Schultertief im Wasser stehen (Flachwasser).
- Die Ellbogengelenke bleiben gestreckt.

Ziele:

- Stabilisation des Schultergelenks.
- Stabilisation der Körperhaltung.
- Koordination.

Die Übung kann auch mit einem Gymnastikstab ausgeführt werden.

Übung 33a: Stützkorsett

Bewegungsausführung im Flachwasser:
AS: Arme in Stützposition, bei gleichzeitigem, wechselseitigen Anheben der Knie.

Hinweise/Korrektur:
- Aufrechte Haltung.
- Bauch- und Gesäßmuskulatur anspannen.
- Die Schultern nicht nach oben ziehen.
- Die Ellbogengelenke bleiben gestreckt.
- AN schulterbreit fassen.

Ziele:
- Stabilisation des Schultergelenks.
- Stabilisation der Körperhaltung.
- Kräftigung der Beinmuskulatur.

Die Übung kann auch mit einem Gymnastikstab ausgeführt werden.

Ausgangsstellung

Endstellung

Variationsmöglichkeiten:

a) Anfersen der Unterschenkel.
b) Die gleiche Übung mit kleinen, federnden Sprüngen ausführen.
c) Hampelmannsprünge ausführen.

Variante (a)

Ausgangsstellung Variante (c)

Endstellung Variante (c)

Übung 33b: Stützkorsett

Bewegungsausführung im Tiefwasser:
AS: Arme in Stützposition, bei gleichzeitigem, wechselseitigen Anheben der Knie.

Hinweise/Korrektur:
- Körperspannung.
- Die Schultern nicht nach oben ziehen.
- Die Ellbogengelenke bleiben gestreckt.
- AN schulterbreit fassen.

Ziele:
- Stabilisation des Schultergelenks.
- Stabilisation der Körperhaltung.
- Koordination.
- Kräftigung der Beinmuskulatur.

Die Übung kann auch mit einem Gymnastikstab ausgeführt werden, allerdings wird dazu ein Aquagürtel benötigt.

Ausgangsstellung

Endstellung

Variante (a)

Variante (b)

Variationsmöglichkeiten:

a) Anfersen der Unterschenkel.

b) Hampelmannbewegung ausführen.

Übung 34a: Butterfly

Bewegungsausführung im Flachwasser:

AS: Grätschstellung.

- Hampelmannsprung ausführen, dabei beide Enden der AN mit den Handflächen vor dem Körper zusammen- und auseinander führen.

Ausgangsstellung

Hinweise/Korrektur:

- Aufrechte Haltung.
- Bauch- und Gesäßmuskulatur anspannen.
- Schultertief im Wasser stehen.
- Die Schultern nicht nach oben ziehen.

Ziele:

- Kräftigung der Brustmuskulatur.
- Kräftigung der Beinmuskulatur.
- Stabilisation der Rumpfmuskulatur.

Endstellung

Mit Hanteln oder Sticks ist die Übung ähnlich ausführbar, wobei die Arme beidseits aus der Seithalte nach vorne und wieder zurückgeführt werden. Die Geräte werden so gehalten, dass während der Durchführung die Daumen jeweils nach oben schauen. Je nach Richtung und Geschwindigkeit der Bewegung wird in erster Linie die Brust- bzw. Rückenmuskulatur gekräftigt.

Ausgangsstellung Variante (a)

Endstellung Variante (a)

Variationsmöglichkeiten:

a) Schersprünge während der Übung ausführen, wobei die Sprünge nur so hoch ausgeführt werden, dass die Bewegung der Arme unter Wasser erfolgen kann, d. h., die Schultern bleiben auch während der Sprungbewegungen unter Wasser.

b) Bewegungstempo der Arme variieren, z. B. schnell „öffnen" und langsam „schließen" oder umgekehrt, wobei dann die AN mit den Händen umfasst wird.

Übung 34b: Butterfly

Bewegungsausführung im Tiefwasser:

- Hampelmannbewegung, dabei mit beiden Handflächen die Enden der AN vor dem Körper zusammen- und auseinander führen.

Hinweise/Korrektur:

- Körperspannung.
- Die Wirbelsäule strecken.
- Die Schultern nicht nach oben ziehen.

Ziele:

- Kräftigung der Brustmuskulatur.
- Kräftigung der Rückenmuskulatur.
- Stabilisation der Körperhaltung.
- Kräftigung der Beinabduktoren und -adduktoren.

Mit Hanteln oder Sticks ist die Übung mithilfe des Aquagürtels ähnlich ausführbar, wobei die Arme beidseits aus der Seithalte nach vorne und wieder zurückgeführt werden. Die Geräte werden so gehalten, dass während der Durchführung die Daumen jeweils nach oben schauen. Je nach Richtung und Geschwindigkeit der Bewegung wird in erster Linie die Brust- bzw. Rückenmuskulatur gekräftigt.

Ausgangsstellung

Endstellung

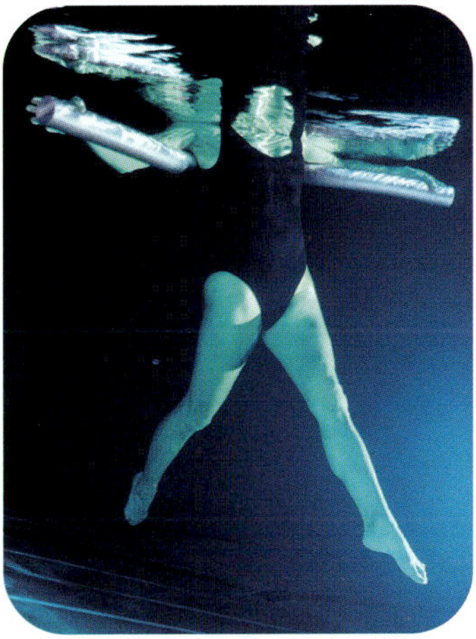

Ausgangsstellung Variante (b)

Endstellung Variante (b)

Variationsmöglichkeiten:

a) Die Arm- und Beinbewegung koordinativ verändern, z. B. die Arme schließen, dabei die Beine öffnen usw.

b) Die gleiche Übung mit einer Scherbewegung (Robojogg) kombinieren.

c) Das Bewegungstempo der Arme variieren, z. B. schnell „öffnen" und langsam „schließen" oder umgekehrt, wobei dann die AN mit den Händen umfasst wird.

Übung 35a: Holzhackerbuab'n

Bewegungsausführung im Flachwasser:

- Die Knie im Wechsel anheben, dabei jeweils beide Nudelenden unter dem Knie zusammenführen.

Hinweise/Korrektur:

- Aufrechte Haltung.

Ziele:

- Kräftigung der Bein- und Hüftmuskulatur.
- Kräftigung der Brust- und Armmuskulatur.
- Mobilisation der Hüftgelenke.
- Koordination.

Diese Übung kann mit Hanteln oder Sticks in ähnlicher Weise ausgeführt werden, indem die Geräte jeweils mit der rechten und linken Hand unter dem Knie zusammengeführt werden.

Ausgangsstellung

Endstellung

Variationsmöglichkeiten:

a) Die rechte Ferse und das linke Nudelende vor dem Körper zusammenführen und umgekehrt.
b) Die linke Ferse und das rechte Nudelende hinter dem Körper zusammenführen und umgekehrt.
c) Die Übung mit federnden Sprüngen ausführen.
d) Alle Übungen kombinieren bzw. im Wechsel ausführen.

Variante (a)

Variante (b)

Variante (a)

Variante (b)

Übung 35b: Holzhackerbuab'n

Bewegungsausführung im Tiefwasser:

- Die Knie im Wechsel anheben, dabei die Nudelenden unter dem Knie zusammenführen.

Hinweise/Korrektur:

- Körperspannung.
- Die Wirbelsäule strecken.

Ziele:

- Kräftigung der Bein- und Hüftmuskulatur.
- Kräftigung der Brust- und Armmuskulatur.
- Mobilisation der Hüftgelenke.
- Koordination.

Diese Übung kann mit Hanteln oder Sticks in ähnlicher Weise ausgeführt werden, indem die Geräte jeweils mit der rechten und linken Hand unter dem Knie zusammengeführt werden. Auch bei dieser Übung ist ein Aquagürtel von Vorteil.

Variationsmöglichkeiten:

a) Den rechten Fuß und das linke Nudelende vor dem Körper zusammenführen und umgekehrt.
b) Den linken Fuß und das rechte Nudelende hinter dem Körper zusammenführen und umgekehrt.
c) Beide Übungen im Wechsel durchführen.

Übung 36: Klappstuhl

Bewegungsausführung im Flach- und Tiefwasser:

AS: Langsitzposition.

- Die gestreckten Beine öffnen und schließen.

Hinweise/Korrektur:

- Aufrechte Sitzhaltung.
- Bauch- und Gesäßmuskulatur anspannen.
- Im Hüftgelenk einen Winkel von 90° halten.
- Die Beine bleiben gestreckt.

Ziele:

- Kräftigung der Beinabduktoren und -adduktoren.
- Kräftigung der Rumpfmuskulatur.
- Stabilisation der Körperhaltung.
- Koordination.

Die Übung ist mit Sticks und Hanteln durchführbar, wobei die Geräte in Seithalte mit gestreckten Armen als Auftriebshilfe gehalten werden. Als zusätzliche Hilfe kann ein Aquagürtel eingesetzt werden.

Variationsmöglichkeiten:

a) Die gestreckten Beine öffnen und schließen bei gleichzeitigem Öffnen und Schließen der Nudelenden mit den Armen vor dem Körper.

Ausgangsstellung

Endstellung

Ausgangsstellung Variante (a)

Endstellung Variante (a)

b) Die gleiche Übung in Hocksitzposition, d. h. ein Winkel von 90° in Hüft- und Kniegelenk, ausführen.

c) Hocksitz- oder Langsitzposition, dabei AN wie ein umgekehrtes „U" hinter dem Körper halten: Beide Beine öffnen und schließen.

d) Bewegungstempo der Beine variieren: Schnelles Öffnen der Beine, schnelles Schließen oder schnelles Öffnen und Schließen der Beine.

Variante (b)

Variante (b)

Variante (c)

5.4.2 Übungen in der Liegeposition

Übung 37: Kasatschok

Bewegungsausführung im Flach- und Tiefwasser:

AS: Rückenlage.

- Die Beine kicken abwechselnd in Richtung Wasseroberfläche.

Hinweise/Korrektur:

- Bauch- und Gesäßmuskulatur anspannen.
- Körperspannung.
- Den Kopf auf der AN ablegen.

Ziele:

- Kräftigung der Bein- und Hüftmuskulatur.
- Kräftigung der Rumpfmuskulatur.

Hanteln oder Sticks können bei dieser Übung als Auftriebshilfe benutzt werden, indem sie mit zur Seite gestreckten Armen an der Wasseroberfläche gehalten werden.

Variationsmöglichkeiten:

a) Nach jedem zweiten Kick ein Bein gestreckt aus dem Wasser heben.
b) Die Übung in Seitlage, mit einer Drehung um die Körperachse, durchführen.
c) Eine Drehung, in Körperseitlage, um die Körperachse durchführen, wobei die Unterschenkel wechselseitig aktiv angezogen werden, d. h. die Fersen in Richtung Gesäß gelangen (anfersen).
d) Kicks mit beiden Beinen gleichzeitig ausführen.

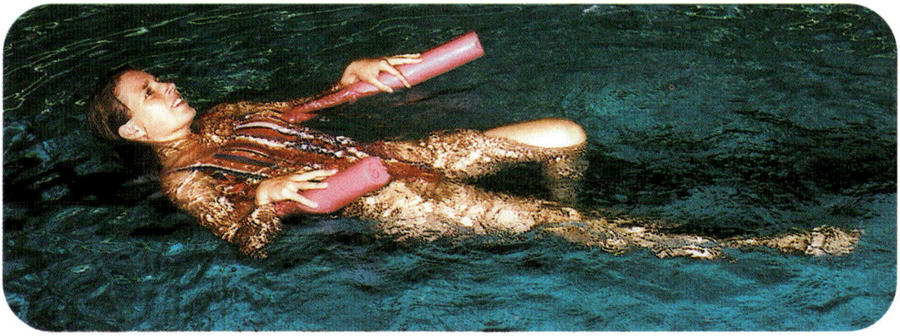

Kasatschok

Übung 38: Tintenfisch auf der Flucht

Bewegungsausführung im Flach- und Tiefwasser:

AS: Rückenlage.

- Die Fußspitzen sind angezogen (Dorsalflexion).
- Beide Beine gleichzeitig locker anziehen – kräftig strecken.

Hinweise/Korrektur:

- Flach auf dem Wasser liegen.
- Körperspannung.
- Den Kopf auf der AN ablegen.

Ziele:

- Kräftigung der Beinmuskulatur.
- Kräftigung der Rumpfmuskulatur.
- Kräftigung der Bauchmuskulatur.

Hanteln oder Sticks können bei dieser Übung als Auftriebshilfe benutzt werden, indem sie mit gestreckten Armen an der Wasseroberfläche gehalten werden.

Variationsmöglichkeiten:

a) Die Übung kombinieren mit Zusammen- und Auseinanderdrücken der AN unter dem Körper.

b) Die Beine wechselseitig strecken und anziehen.

Ausgangsstellung

Endstellung

Variante (b)

Ausgangsstellung

Endstellung

Ausgangsstellung Variante (a)

Endstellung Variante (a)

Übung 39: Manta

Bewegungsausführung im Flach- und Tiefwasser:

AS: Rückenlage.

- Beide gestreckten Beine kräftig schließen und locker öffnen.

Hinweise/Korrektur:

- Flach auf dem Wasser liegen.
- Körperspannung.
- Den Kopf auf der AN ablegen.
- Die Beine bleiben im Kniegelenk gestreckt.

Ziele:

- Kräftigung der Beinadduktoren.
- Kräftigung der Rumpfmuskulatur.

Hanteln oder Sticks können bei dieser Übung als Auftriebshilfe benutzt werden, indem sie mit gestreckten Armen an der Wasseroberfläche gehalten werden.

Variationsmöglichkeit:

a) Die Übung kombinieren mit Zusammen- und Auseinanderdrücken der AN unter dem Körper.

Übung 40: Rückentwist

Bewegungsausführung im Flach- und Tiefwasser:

AS: Rückenlage.

- Mit gestrecktem Körper eine Twistbewegung ausführen.

Hinweise/Korrektur:

- Flach auf dem Wasser liegen.
- Körperspannung.
- Den Kopf auf der AN ablegen.

Ziele:

- Kräftigung der Bauch- und Gesäßmuskulatur.
- Ganzkörperstabilisation.

Hanteln oder Sticks können bei dieser Übung als Auftriebshilfe benutzt werden, indem sie mit zur Seite gestreckten Armen an der Wasseroberfläche gehalten werden.

Variationsmöglichkeit:

a) Während der Twistbewegung jeweils das obere Bein, im Kniegelenk gebeugt, über das andere kreuzen.

Ausgangsstellung

Endstellung

Variante (a)

Außenborder

Variante (b)

Variante (c)

Übung 41: Außenborder

Bewegungsausführung im Flach- und Tiefwasser:

AS: Seitlage.

- Kickbewegung der Beine.

Hinweise/Korrektur:

- Körperspannung.
- Den unteren Arm gestreckt auf die AN legen.
- Der obere Arm liegt locker auf der AN.

Ziele:

- Kräftigung der Bauchmuskulatur.
- Kräftigung der Bein- und Gesäßmuskulatur.
- Kräftigung der Rumpfmuskulatur.
- Koordination.

Hanteln oder Sticks können bei dieser Übung als Auftriebshilfe benutzt werden, indem jeweils ein Gerät mit dem unteren gestreckten Arm an der Wasseroberfläche gehalten wird, wobei der obere Arm mit Hantel oder Sticks auf der Körperseite abgelegt wird.

Variationsmöglichkeiten:

a) Nur das obere Bein führt die Kickbewegung aus, während das andere gestreckt gehalten wird.
b) In Seitlage AN wie ein umgekehrtes „U" hinter dem Rücken stabilisieren, eine Scherbewegung mit gestreckten Beinen ausführen.
c) In Seitlage AN wie ein umgekehrtes „U" hinter dem Rücken stabilisieren, Unterschenkelkicks ausführen.

Übung 42: Karriereleiter

Bewegungsausführung im Flach- und Tiefwasser:

AS: Seitlage.

- Mit angezogenen Fußspitzen (Dorsalflexion) Beine wechselseitig strecken und beugen.

Hinweise/Korrektur:

- Körperspannung.
- Den unteren Arm gestreckt auf die AN legen.
- Der obere Arm liegt locker auf der AN.

Ziele:

- Kräftigung der Bauchmuskulatur.
- Kräftigung der Bein- und Gesäßmuskulatur.
- Kräftigung der Rumpfmuskulatur.
- Koordination.

Hanteln oder Sticks können bei dieser Übung als Auftriebshilfe benutzt werden, indem jeweils ein Gerät mit dem unteren gestreckten Arm an der Wasseroberfläche gehalten wird, wobei der obere Arm mit Hantel oder Sticks auf der Körperseite abgelegt wird.

Variationsmöglichkeit:

a) Beide Beine gleichzeitig locker anziehen – kräftig strecken.

Ausgangsstellung

Endstellung

Ausgangsstellung Variante (a)

Endstellung Variante (a)

Ausgangsstellung

Mittelstellung

Endstellung

Übung 43: Fisch im Netz

Bewegungsausführung im Flach- und Tiefwasser:

AS: Seitlage.

- Beide Beine gleichzeitig anziehen und zur anderen Körperseite strecken, wobei der Oberkörper eine entgegengesetzte Bewegung ausführt.

Hinweise/Korrektur:

- Körperspannung.
- Die Beine sind jeweils in der Endstellung gestreckt.
- Die Beine zum Positionswechsel beidseitig anziehen.
- Beide Arme liegen auf der AN.

Ziele:

- Kräftigung der Bauchmuskulatur.
- Kräftigung der Bein- und Gesäßmuskulatur.
- Kräftigung der Rumpfmuskulatur.
- Koordination.

Hanteln oder Sticks können bei dieser Übung als Auftriebshilfe benutzt werden, indem sie jeweils mit dem unteren gestreckten Arm an der Wasseroberfläche gehalten werden.

Übung 44: Wasserboje

Bewegungsausführung im Flach- und Tiefwasser:

AS: Rückenlage, mit Armen am Beckenrand haltend, Füße liegen auf der Aquanudel.

- Aquanudel wechselseitig jeweils mit einem Bein etwas nach unten drücken.

Hinweise/Korrektur:

- Bauch- und Gesäßmuskulatur anspannen.
- Der gestreckte Körper liegt auf der Wasseroberfläche.
- Den Kopf auf dem Beckenrand ablegen.

Ziele:

- Kräftigung der Bein- und Gesäßmuskulatur.
- Ganzkörperstabilisation.

Variationsmöglichkeiten:

a) Jeweils im Wechsel ein gestrecktes Bein von der AN abheben.

b) Aquanudel auf der Wasseroberfläche mit den Beinen nach rechts und links schieben.

Wasserboje

Variante (a)

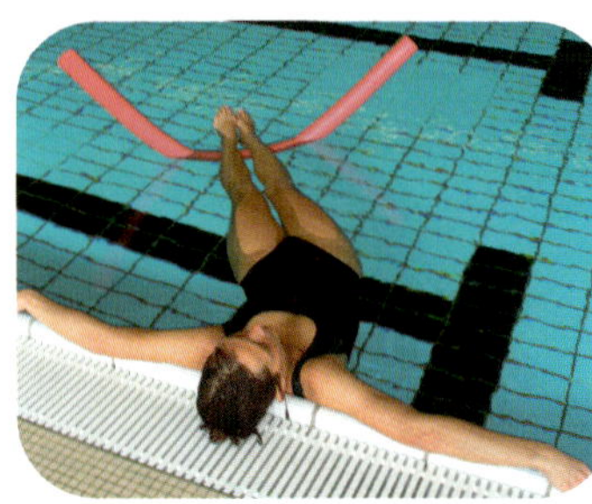

Variante (b)

5.5 Sitzpositionen auf der Aquanudel

Ausgangsstellung

Endstellung

Übung 45: Sitztraining

Bewegungsausführung im Flach- und Tiefwasser:

AS: Sitzen auf der AN, dabei zeigen die Enden der AN nach vorne.

- Durch Öffnen und Schließen der Beine die Nudelenden zusammen- und auseinander drücken.

Hinweise/Korrektur:

- Aufrechte Sitzhaltung.
- Scullingbewegung der Hände.

Ziele:

- Kräftigung der Beinabduktoren und -adduktoren.
- Stabilisation der Körperhaltung.

Variationsmöglichkeiten:

a) Nur mit Schaufelbewegungen der Hände vorwärts und rückwärts fortbewegen.

b) Mit Schaufelbewegungen der Hände Körperdrehungen durchführen.

Übung 46: Sitzboogie

Bewegungsausführung im Flach- und Tiefwasser:

AS: Sitzen auf der Aquanudel in Schaukelsitzposition.

- Nur mit wechselndem Beinschlag fortbewegen.

Hinweise/Korrektur:

- Aufrechte Sitzhaltung.
- Bauch- und Gesäßmuskulatur anspannen.
- Aktives Anziehen der Unterschenkel.
- Eventuell Scullingbewegung der Hände.

Ziele:

- Kräftigung der Beinmuskulatur.
- Stabilisation der Körperhaltung.
- Gleichgewicht.

Diese Übung kann auch mit dem Schwimmbrett ausgeführt werden.

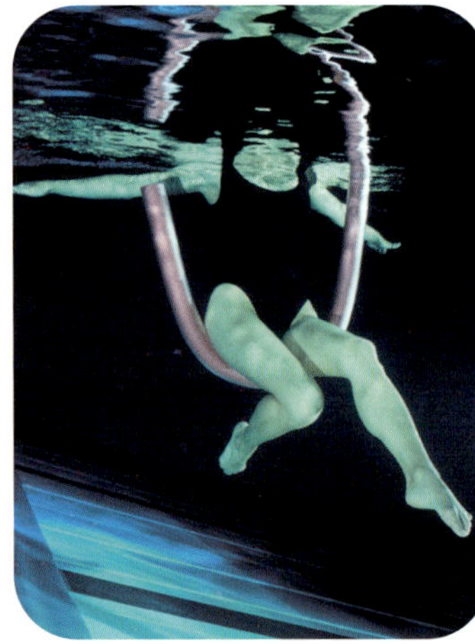

Ausgangsstellung

Endstellung

Ausgangsstellung Variante (a)

Endstellung Variante (a)

Variante (b)

Variationsmöglichkeiten:

a) Gleichzeitiger Beinschlag mit beiden Beinen.
b) Nur mit Schaufelbewegungen der Arme in verschiedene Bewegungsrichtungen fortbewegen.
c) Bewegungstempo variieren: Beine kräftig strecken bzw. kräftig beugen.

6 Propriorezeptive Übungen mit der Aquanudel

Unter *propriorezeptivem Training* versteht man u. a. die Schulung des automatischen Gleichgewichts. Umfassende neurophysiologische Vorgänge im Körper halten den Menschen im Gleichgewicht. Durch diesen Schutzmechanismus ist es uns möglich, unterbewusst auf plötzliche Störungen im Bewegungsablauf, z. B. das Stolpern über einen Gegenstand, zu reagieren, den Sturz zu vermeiden und größere Verletzungen zu verhindern.

Das Training bewirkt u. a. eine verbesserte Tiefensensibilität, die mit einer Stabilisierung der Gelenkfunktionen einhergeht. Häufiges Wiederholen derselben Übungen bewirkt die Programmierung des Bewegungsablaufs im Zentralnervensystem, welches letztlich zu einer Automatisation der Bewegung führt, das heißt, man reagiert schneller und angemessener auf Störungen des Bewegungsablaufs.

Das Bewegen im Wasser an sich stellt schon ungewohnte Anforderungen an die Gleichgewichtsfähigkeit. Das Training mit der Aquanudel bietet zusätzlich eine Vielfalt von Möglichkeiten, das propriorezeptive System des Körpers herauszufordern. Es besitzt den Vorteil, keine Verletzungsgefahren mit sich zu bringen, was an Land eher der Fall ist.

Diese Übungen erfordern zwar viel Konzentration, bringen aber auch eine Menge Spaß mit sich. Außerdem wirst du bei regelmäßigem Training äußerst schnell Erfolgserlebnisse verzeichnen.

Übung 47a: Eine Luftmatratze aufpumpen

Bewegungsausführung im Flachwasser:

AS: Mit einem Bein auf der AN stehen.

- Das auf der AN stehende Bein beugen und strecken.

Hinweise/Korrektur:

- Aufrechte Haltung.
- Bauch- und Gesäßmuskulatur anspannen.
- Scullingbewegung der Hände.

Ziele:

- Kräftigung der Bein- und Gesäßmuskulatur.
- Gleichgewicht.

Diese Übung kann auch mit dem Schwimmbrett ausgeführt werden.
Mit Hanteln, die Schlaufen besitzen, ist die Bewegung ebenso möglich.

Ausgangsstellung

Endstellung

Variationsmöglichkeiten:

a) Das Bein gestreckt abspreizen und anziehen (Abduktion/Adduktion).
b) Das Bein gestreckt vor- und rückschwingen.
c) Die Arme während der Übungen aus dem Wasser heben.
d) Die Übungen blind ausführen.
e) Die Übungen mit einer gleichzeitigen Körperdrehung ausführen.

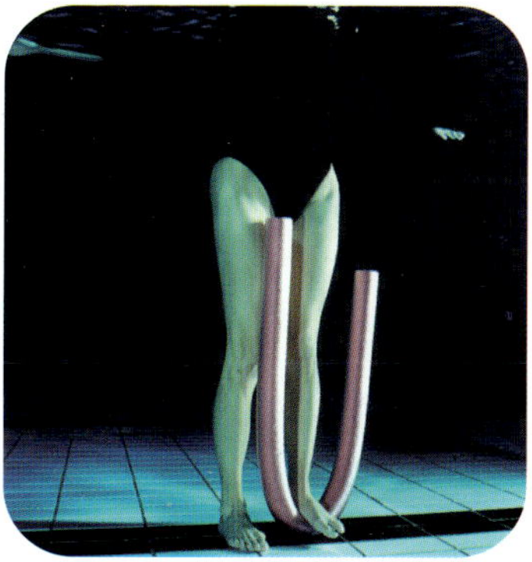

Ausgangsstellung Variante (a)

Endstellung Variante (a)

Ausgangsstellung Variante (b)

Endstellung Variante (b)

Übung 47b: Luftmatratze aufpumpen

Ausgangsstellung

Endstellung

Bewegungsausführung im Tiefwasser:

AS: Mit einem Bein auf der AN stehen.

- Das auf der AN stehende Bein beugen und strecken.

Hinweise/Korrektur:

- Aufrechte Haltung.
- Bauch- und Gesäßmuskulatur anspannen.
- Keine Sitzposition einnehmen (Hüfte strecken).
- Sculling.

Ziele:

- Kräftigung der Bein- und Gesäßmuskulatur.
- Gleichgewicht.

Diese Übung kann auch mit dem Schwimmbrett ausgeführt werden.
Mit Hanteln, die Schlaufen besitzen, ist die Bewegung ebenso möglich.

Ausgangsstellung Variante (a)

Endstellung Variante (a)

Variante (b)

Variationsmöglichkeiten:

a) Das Bein gestreckt abspreizen und anziehen (Abduktion/Adduktion).
b) Das Bein gestreckt vor- und rückschwingen.
c) Die Übungen mit einer gleichzeitigen Körperdrehung ausführen.
d) Die Übungen blind ausführen.

Übung 48a: Rock 'n' Roll

Bewegungsausführung im Flachwasser:

AS: Mit einem Bein auf der AN stehen.

- Das andere Bein gestreckt abspreizen und zurückführen (Abduktion/Adduktion).

Hinweise/Korrektur:

- Bauch- und Gesäßmuskulatur anspannen.
- Aufrechte Haltung.
- Sculling.
- Körperspannung.

Ziele:

- Gleichgewicht.
- Stabilisation der Kniegelenke.
- Stabilisation der Körperhaltung.
- Kräftigung der Bein- und Gesäßmuskulatur.

Diese Übung kann auch mit dem Schwimmbrett ausgeführt werden.

Ausgangsstellung

Endstellung

Variationsmöglichkeiten:

a) Mit dem anderen Bein eine Achterbewegung durchführen.
b) Vor- und Rückschwingen des Beins.
c) Die Arme aus dem Wasser heben.
d) Die Übung blind ausführen.

Variante (a)

Variante (a)

Ausgangsstellung Variante (b)

Endstellung Variante (b)

Übung 48b: Rock 'n' Roll

Bewegungsausführung im Tiefwasser:

AS: Mit einem Bein auf der AN stehen.

- Das andere Bein abspreizen und zurückführen (Abduktion/Adduktion).

Hinweise/Korrektur:

- Bauch- und Gesäßmuskulatur anspannen.
- Sculling.
- Aufrechte Haltung.
- Körperspannung.

Ziele:

- Gleichgewicht.
- Kräftigung der Bein- und Gesäßmuskulatur.
- Stabilisation der Kniegelenke.
- Stabilisation der Körperhaltung.

Diese Übung kann auch mit dem Schwimmbrett ausgeführt werden.

Mit Hanteln, die Schlaufen besitzen, ist die Bewegung ebenso möglich.

Rock 'n' Roll

Variante (a)

Variante (a)

Variante (b)

Variationsmöglichkeiten:

a) Mit dem anderen Bein eine Achterbewegung durchführen.
b) Vor- und Rückschwingen des Beins.
c) Die Übung blind ausführen.

Übung 49a: Surfen

Bewegungsausführung im Flachwasser:

AS: Mit beiden Beinen auf der AN stehen.

- Auf der AN stehend, sich nur durch Schaufelbewegungen der Hände vorwärts/rückwärts fortbewegen.

Hinweise/Korrektur:

- Aufrechte Haltung.
- Bauch- und Gesäßmuskulatur anspannen.
- Körperspannung.

Ziele:

- Gleichgewicht.
- Kräftigung der Schultergürtelmuskulatur.
- Stabilisation der Körperhaltung.

Diese Übung kann auch mit dem Schwimmbrett ausgeführt werden.

Variationsmöglichkeiten:

a) Die Beine gleichzeitig beugen und strecken.
b) Die Übungen mit einer gleichzeitigen Körperdrehung ausführen.
c) Die Übungen blind ausführen.

Surfen

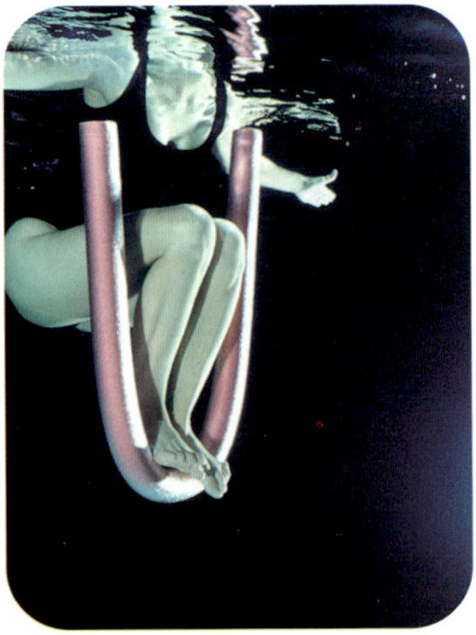

Variante (a)

Surfen

Übung 49b: Surfen

Bewegungsausführung im Tiefwasser:

- AS: Mit beiden Beinen auf der AN stehen.
- Auf der AN stehend, sich nur durch Schaufelbewegungen der Hände vorwärts/rückwärts fortbewegen.

Hinweise/Korrektur:

- Aufrechte Haltung.
- Bauch- und Gesäßmuskulatur anspannen.
- Körperspannung.

Ziele:

- Gleichgewicht.
- Kräftigung der Schultergürtelmuskulatur.
- Stabilisation der Körperhaltung.

Diese Übung kann auch mit dem Schwimmbrett ausgeführt werden.

Mit Hanteln, die Schlaufen besitzen, ist die Bewegung ebenso möglich.

Variationsmöglichkeiten:

a) Die Beine gleichzeitig beugen und strecken.
b) Die Übungen mit einer gleichzeitigen Körperdrehung ausführen.
c) Die Übung blind ausführen.

Übung 50:
Schwimmbrett – Moonwalker

Ausgangsstellung

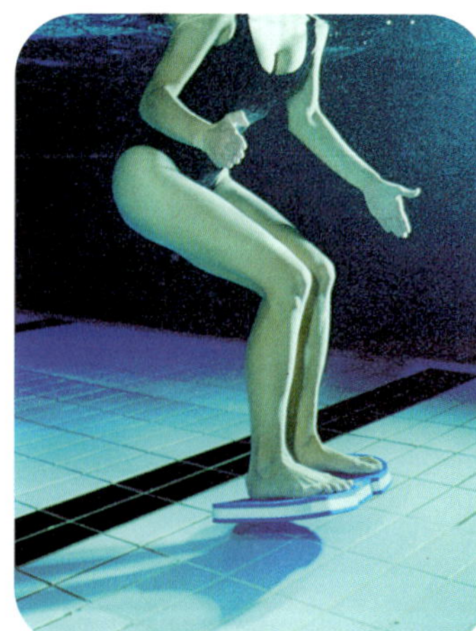

Endstellung

Bewegungsausführung im Flachwasser:

AS: Aufrechter Stand, mit beiden Füßen auf einem Schwimmbrett stehend.

- Sich mit federnden Sprüngen oder Twistbewegungen fortbewegen.

Hinweise/Korrektur:

- Aufrechte Haltung.
- Bauch- und Gesäßmuskulatur anspannen.
- Sculling.
- Körperschwerpunkt im Zentrum halten.

Ziele:

- Körperspannung.
- Gleichgewicht.

Variationsmöglichkeiten:

a) Die Übung blind ausführen.
b) Im Flachwasser die Arme aus dem Wasser nehmen.
c) Mit einem Fuß jeweils auf einem Schwimmbrett stehend, eine Laufbewegung in verschiedene Bewegungsrichtungen ausführen.

Übung 51a: Seiltanz

Seiltanz

Bewegungsausführung im Flachwasser:

- Mit beiden Füßen vorwärts und rückwärts auf der „Längsnudel" entlangbalancieren.

Hinweise/Korrektur:

- Aufrechte Haltung.
- Bauch- und Gesäßmuskulatur anspannen.
- Sculling.

Ziele:

- Körperspannung.
- Gleichgewicht.

Variationsmöglichkeiten:

a) Die Übung blind ausführen.
b) Die Arme aus dem Wasser nehmen.

Übung 51b: Seiltanz

Bewegungsausführung im Tiefwasser:

- Mit beiden Füßen vorwärts und rückwärts auf der „Längsnudel" entlangbalancieren.

Hinweise/Korrektur:

- Aufrechte Haltung.
- Bauch- und Gesäßmuskulatur anspannen.
- Sculling.

Ziele:

- Körperspannung.
- Gleichgewicht.

Variationsmöglichkeit:

a) Die Übung blind ausführen.

Seiltanz

Ausgangsstellung

Endstellung

Übung 52: Wellenreiten

Bewegungsausführung im Flach- und Tiefwasser:

AS: Mit beiden Beinen auf der „Längsnudel" stehen.

- Die Beine nach vorne in Richtung Wasseroberfläche heben, dann senken.

Hinweise/Korrektur:

- Bauch- und Gesäßmuskulatur anspannen.
- Sculling.

Ziele:

- Kräftigung der Rumpfmuskulatur.
- Kräftigung der Beinmuskulatur.
- Gleichgewicht.

Mit Hanteln, die Schlaufen besitzen, ist die Bewegung ebenso möglich.

Übung 53: Häuptling Aquanudel

Bewegungsausführung im Flach- und Tiefwasser:

AS: Auf der AN knien.

- Mit Paddelbewegungen der Hände in verschiedene Richtungen fortbewegen.

Hinweise/Korrektur:

- Bauch- und Gesäßmuskulatur anspannen.
- Aufrechte Haltung.
- Die Hüfte strecken.
- Den Körperschwerpunkt über der AN halten.

Ziele:

- Kräftigung der Schultergürtelmuskulatur.
- Stabilisation der Körperhaltung.
- Gleichgewicht.

Diese Übung ist auch mit dem Schwimmbrett möglich.

Variationsmöglichkeiten:

a) Die Übung blind ausführen.
b) Im Flachwasser die Arme aus dem Wasser nehmen.

Häuptling Aquanudel

7 Partnerübungen

Übung 54: Wackliges Ballspiel

Bewegungsausführung im Flach- und Tiefwasser:

AS: Beide Personen sitzen jeweils auf einer Aquanudel.

- Zuwerfen eines kleinen Balls (Tennisball, Softball oder Ähnliches).

Hinweise/Korrektur:

- Bauch- und Gesäßmuskulatur anspannen.
- Aufrechte Sitzposition.

Ziele:

- Koordination.
- Gleichgewicht.
- Kommunikation.

Diese Übung kann auch mit dem Schwimmbrett ausgeführt werden.

Variationsmöglichkeit:

a) Die gleiche Übung in verschiedenen Ausgangspositionen ausführen: Auf der AN knien oder stehen.

Wackliges Ballspiel

Übung 55a: Dampflok

Bewegungsausführung im Flachwasser:

AS: Die Partner stehen hintereinander, beide Personen fassen jeweils mit der rechten und linken Hand je ein Ende der beiden Aquanudeln.

- AN jeweils wechselseitig vor- und rückschieben, sich dabei in verschiedenen Varianten fortbewegen.

Hinweise/Korrektur:

- Aufrechte Haltung.
- AN **unter** Wasser bewegen.
- AN zur Mitte hin fassen.
- Die Schultern nicht nach oben ziehen.

Ziele:

- Kräftigung der Schultergürtelmuskulatur.
- Kräftigung der Beinmuskulatur.
- Koordination.

Diese Übung kann auch mit Gymnastikstäben ausgeführt werden.

Variationsmöglichkeit:

a) AN kreisförmig bewegen (Dampflok).

Dampflok

Übung 55b: Dampflok

Bewegungsausführung im Tiefwasser:

AS: Die Partner befinden sich hintereinander.

- AN jeweils vor- und rückschieben, dabei im Kniehebelauf fortbewegen.

Hinweise/Korrektur:

- Bauch- und Gesäßmuskulatur anspannen.
- Aufrechte Haltung.
- AN **unter** Wasser bewegen.
- AN zur Mitte hin fassen.
- Die Schultern nicht nach oben ziehen.
- Ein Aquagürtel ist von Vorteil.

Ziele:

- Kräftigung der Rumpfmuskulatur.
- Kräftigung der Schultergürtelmuskulatur.
- Stabilisation der Körperhaltung.
- Koordination.

Diese Übung kann auch mit Gymnastikstäben ausgeführt werden.

Variationsmöglichkeiten:

a) AN mit gestreckten Armen aus dem Wasser heben, dabei Kniehebelauf durchführen.

b) AN kreisförmig bewegen (Dampflok).

Dampflok

Variante (a)

Übung 56: Sägewerk

Bewegungsausführung im Flach- und Tiefwasser:

AS im Flachwasser: Die Partner stehen sich in Schrittstellung gegenüber, beide Personen fassen jeweils mit der rechten und linken Hand je ein Ende der beiden Aquanudeln.

AS im Tiefwasser: Die Partner stehen sich in Senkrechtposition gegenüber, beide Personen halten in Stützposition jeweils mit der rechten und linken Hand je ein Ende der beiden Aquanudeln.

- Aquanudeln wechselseitig vor- und rückschieben, dabei Scherbewegungen der Beine ausführen.

Hinweise/Korrektur:

- Schultertief im Wasser stehen (Flachwasser).
- Bauch- und Gesäßmuskulatur anspannen.
- Aufrechte Haltung.
- AN **unter** Wasser bewegen.
- AN zur Mitte hin fassen.
- Die Schultern nicht nach oben ziehen.
- Ein Aquagürtel ist im Tiefwasser von Vorteil.

Ziele:

- Kräftigung der Rumpfmuskulatur.
- Kräftigung der Schultergürtelmuskulatur.
- Stabilisation der Körperhaltung.
- Koordination.
- Rhythmisierungsfähigkeit.

Ausgangsstellung

Endstellung

Diese Übung kann auch mit Gymnastikstäben oder Schwimmbrettern ausgeführt werden. Die Schwimmbretter werden dabei mit der schmalen Seite unter Wasser gedrückt. Angelegte Aquagürtel erleichtern die Durchführung im Tiefwasser.

Variationsmöglichkeiten im Flachwasser:

a) In Schritt- oder Grätschstellung die Arme öffnen und schließen.
b) Beide Arme gleichzeitig nach rechts und nach links schwingen (Partner arbeitet spiegelverkehrt).
c) Gemeinsam eine kreisförmige Bewegung durchführen, dabei AN aus dem Wasser heben und wieder eintauchen.

Variationsmöglichkeiten im Tiefwasser:

a) Die Arme und Beine öffnen und schließen.
b) Beide Arme gleichzeitig nach rechts und nach links schwingen (Partner arbeitet spiegelverkehrt), gleichzeitige Kickbewegungen der Beine.

Ausgangsstellung Variante (a) im Flachwasser

Endstellung Variante (a) im Flachwasser

Variante (b) im Flachwasser

Übung 57: Tapferes Schneiderlein

Bewegungsausführung im Flach- und Tiefwasser:

AS: Zwei Teilnehmer, hintereinander befindlich, jede Person fasst jeweils mit der rechten und linken Hand je ein Ende der beiden Aquanudeln.

- Die hintere Person wird in Schwimmlage von der vorderen Person gezogen:
  - Flachwasser: Joggen.
  - Tiefwasser: Kniehebelauf.

Hinweise/Korrektur:

- Vordere Person – aufrechte Haltung.
- Hintere Person – Körperspannung.
- Ein Aquagürtel ist im Tiefwasser von Vorteil.

Ziele:

- Kräftigung der Beinmuskulatur.
- Kräftigung der Rumpfmuskulatur.
- Kraftausdauer im Tiefwasser.
- Kommunikation.

Mithilfe des Aquagürtels kann die Übung auch mit Gymnastikstäben durchgeführt werden.

Tapferes Schneiderlein

Übung 58: Taxi

Bewegungsausführung im Flach- und Tiefwasser:

AS: Eine Person auf der AN sitzend, der Partner schiebt den Partner mit gestreckten Armen vorwärts.

- Flachwasser: Joggen.
- Tiefwasser: Kniehebelauf.

Hinweise/Korrektur:

- Bauch- und Gesäßmuskulatur anspannen.
- Aufrechte Haltung.
- Ein Aquagürtel ist im Tiefwasser von Vorteil.

Ziele:

- Kräftigung der Schultergürtelmuskulatur.
- Kräftigung der Rumpfmuskulatur.
- Kraftausdauer im Tiefwasser.
- Gleichgewicht.

Diese Übung ist auch mit dem Schwimmbrett durchführbar.

Taxi

Übung 59: Sturer Esel

Bewegungsausführung im Flach- und Tiefwasser:

AS: Eine Person auf der AN sitzend.

- Der Partner versucht, diese Person mit gestreckten Armen vorwärts zu schieben, während sie mit Unterschenkelkicks und Schaufelbewegungen der Hände dagegenarbeitet.

Hinweise/Korrektur:

- Bauch- und Gesäßmuskulatur anspannen.
- Aufrechte Haltung.
- Ein Aquagürtel ist im Tiefwasser von Vorteil.

Ziele:

- Kräftigung der Beinmuskulatur.
- Kräftigung der Rumpfmuskulatur.
- Kräftigung der Schultergürtelmuskulatur.
- Gleichgewicht.

Diese Übung ist auch mit dem Schwimmbrett durchführbar.

Sturer Esel

Übung 60: Wer schiebt wen?

Bewegungsausführung im Tiefwasser:

AS: Zwei Teilnehmer, mit dem Rücken aneinander lehnend, jeweils mit einer AN in Hexenbesenposition, gestreckte Arme in Seithalte.

- Gestreckte Arme gleichzeitig kräftig nach vorne schieben und locker zurückführen (Butterfly).

Hinweise/Korrektur:

- Aufrechte Sitzhaltung.
- Bauch- und Gesäßmuskulatur anspannen.
- Die Handflächen zeigen nach vorne.
- Die Finger sind geschlossen.

Ziele:

- Kräftigung der Brustmuskulatur.
- Stabilisation der Körperhaltung.

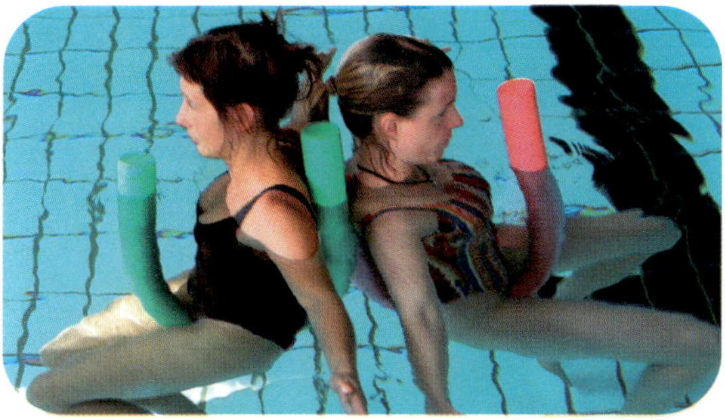

Ausgangsstellung

Endstellung

Übung 61: Verfolgungsjagd

Bewegungsausführung im Tiefwasser:

AS: Zwei Teilnehmer, mit dem Rücken aneinander lehnend, jeweils mit einer AN in Hexenbesenposition.

- Teilnehmer 1: Gestreckte Arme aus der Seithalte kräftig nach vorne schieben und locker zurückführen (Butterfly).
- Teilnehmer 2: Die gleiche Bewegung mit entgegengesetzter Kraftrichtung ausführen (Reverse).

Hinweise/Korrektur:

- Aufrechte Sitzhaltung.
- Bauch- und Gesäßmuskulatur anspannen.
- Die Handflächen zeigen nach vorne.
- Die Finger sind geschlossen.

Ziele:

- Kräftigung der Brust- bzw. Rückenmuskulatur.
- Stabilisation der Körperhaltung.

Ausgangsstellung

Endstellung

Übung 62: Kampf der Titanen

Bewegungsausführung im Tiefwasser:

AS: Zwei Teilnehmer, mit dem Rücken aneinander lehnend, jeweils mit einer AN in Hexenbesenposition.

- Teilnehmer 1: Unterarm kräftig strecken (Trizeps).
- Teilnehmer 2: Unterarm kräftig beugen (Bizeps).

Hinweise/Korrektur:

- Aufrechte Sitzhaltung mit angebeugten Knien (ein Winkel von 90°).
- Bauch- und Gesäßmuskulatur anspannen.
- Die Oberarme an die Taille pressen.
- Die Handflächen zeigen bei beiden Personen nach vorne.
- Die Finger sind geschlossen.

Ziele:

- Kräftigung der Armmuskulatur.
- Stabilisation der Körperhaltung.

Variationsmöglichkeit:

a) Beide Teilnehmer führen jeweils die gleiche Bewegung aus.

Ausgangsstellung

Endstellung

Übung 63: Es kann nur einen geben

Bewegungsausführung im Tiefwasser:

AS: Zwei Partner gegenüber; jeweils mit einer AN in Hexenbesenposition; Handflächen aufeinander legen, dabei die Arme aus dem Wasser strecken.

- Beide Partner: Kniehebelauf.

Hinweise/Korrektur:

- Aufrechte Sitzhaltung.
- Bauch- und Gesäßmuskulatur anspannen.
- Die Arme bleiben gestreckt.

Ziele:

- Kräftigung der Schultergürtelmuskulatur.
- Kräftigung der Rumpfmuskulatur.
- Kräftigung der Beinmuskulatur.
- Stabilisation der Körperhaltung.
- Kraftausdauer.

Variationsmöglichkeiten:

a) Die gleiche Übung im Schrittlauf oder Robojogg durchführen.
b) Beide Partner legen nur die rechte bzw. linke Handfläche aufeinander.

Es kann nur einen geben

Variante (b)

Übung 64: Daniel Düsentrieb

Bewegungsausführung im Flach- und Tiefwasser:

AS: Zwei Partner in Bauchlage gegenüber; jeweils eine AN mit gestreckten Armen halten.

- Beide Partner: Kraulbewegung der Beine.

Hinweise/Korrektur:

- Körperspannung.
- Die Arme bleiben gestreckt.

Ziele:

- Kräftigung der Rumpfmuskulatur.
- Kräftigung der Beinmuskulatur.
- Kraftausdauer.

Daniel Düsentrieb

Übung 65: Sitzstreik

Bewegungsausführung im Flach- und Tiefwasser:

AS: Zwei Teilnehmer, mit dem Rücken aneinander lehnend, jeweils mit einer AN hinter dem Rücken in Langsitzposition.

- Beide Partner schließen kräftig die gestreckten Beine und öffnen sie locker (Betonung der Adduktionsbewegung).

Hinweise/Korrektur:

- Körperspannung.
- Die Beine bleiben gestreckt.
- Aufrechte Sitzposition.

Ziele:

- Kräftigung der Rumpfmuskulatur.
- Kräftigung der Beinadduktoren.
- Kraftausdauer.

Ausgangsstellung

Endstellung

Übung 66: Blindenführer

Bewegungsausführung im Flach- und Tiefwasser:

AS: Zwei Teilnehmer, hintereinander befindlich, die vordere Person hat die Augen geschlossen.

- Jede Person fasst mit der rechten und linken Hand je ein Ende der beiden Aquanudeln.
- Die vordere Person wird von der hinteren Person geführt, indem die Laufrichtung durch leichten Zug an der rechten bzw. linken AN angegeben wird:
  - Flachwasser: Joggen.
  - Tiefwasser: Kniehebelauf.

Hinweise/Korrektur:

- Aufrechte Haltung.
- Zusammenstöße mit anderen Teilnehmern verhindern.
- Es darf nicht gesprochen werden.
- Ein Aquagürtel ist im Tiefwasser von Vorteil.

Ziele:

- Kräftigung der Beinmuskulatur.
- Schulung der taktilen Wahrnehmung.
- Schulung der Reaktionsfähigkeit.
- Kommunikation/Vertrauen.

Bei angelegtem Aquagürtel kann die Übung auch mit Gymnastikstäben durchgeführt werden.

Blindenführer

Übung 67: Siamesische Zwillinge

Bewegungsausführung im Tiefwasser:

AS: Zwei Teilnehmer, nebeneinander befindlich, jeweils mit einer AN in Hexenbesenposition.

- Beide Partner sind jeweils mit einem Bein durch ein Gummiband, Theraband oder Ähnliches miteinander verbunden.
- Beide Partner versuchen, sich gemeinsam fortzubewegen.

Hinweis/Korrektur:

- Aufrechte Haltung.

Ziele:

- Kräftigung der Beinmuskulatur.
- Schulung der Koordination.
- Schulung der Rhythmisierungsfähigkeit.
- Kommunikation.

Ausgangsstellung

Endstellung

Ausgangsstellung

Endstellung

Übung 68: Siamesisches Paddeln

Bewegungsausführung im Flach- und Tiefwasser:

AS: Zwei Teilnehmer, nebeneinander befindlich, jeweils mit einer AN in Hexenbesen- oder Schaukelsitzposition.

- Beide Partner sind jeweils mit einem Arm durch ein Gummiband, Theraband oder Ähnliches miteinander verbunden.
- Beide Partner versuchen, sich gemeinsam mit Schaufelbewegungen der Hände fortzubewegen.

Hinweis/Korrektur:

- Aufrechte Haltung.

Ziele:

- Kräftigung der Schultergürtelmuskulatur.
- Schulung der Koordination.
- Schulung der Rhythmisierungsfähigkeit.
- Kommunikation.

Diese Übung ist auch mit Schwimmbrettern durchführbar.

Variationsmöglichkeit:

a) Mehrere Teilnehmer sind jeweils mit einem Arm mit dem entsprechenden Nachbarn verbunden.

8 Dehnen und Mobilisieren

Da der Wasserauftrieb wegen der verminderten Gewichtskraft Bewegungen unter äußerst niedriger Druckbelastung gewährleistet, wird somit auch eine vermehrte Produktion der Gleitflüssigkeit in den Gelenken selbst sowie ein erhöhter Stoffwechsel in den umgebenden Gewebestrukturen angeregt.

Mit Dehn- und Mobilisationsübungen im Wasser lässt sich zusätzlich eine entspannende Wirkung auf den Gelenk- und Muskelapparat erzielen, was wiederum zu einer verbesserten Beweglichkeit führt.

Die meisten der folgenden Übungen eignen sich wegen dieses entspannenden Effekts auch hervorragend zum Ausklang einer Trainingseinheit.

Übung 69: Nudel rundherum

Bewegungsausführung im Flach- und Tiefwasser:
AS: Grätschstand im Flachwasser.
AS: Senkrechte Körperposition oder lockere Kickbewegungen der Beine im Tiefwasser.

- AN, auf der Wasseroberfläche liegend, mit Handwechsel um den Körper herumgeben.

Hinweise/Korrektur:

- Bauch- und Gesäßmuskulatur anspannen.
- Aufrechte Haltung.
- Die Schultern nicht nach oben ziehen.
- Den Oberkörper nicht mitdrehen.

Ziele:

- Mobilisation des Schultergelenks.
- Dehnung der Brustmuskulatur.
- Stabilisation der Körperhaltung.

Diese Übung ist auch mit einem Gymnastikstab, -ball oder Schwimmbrett möglich. Im Tiefwasser benötigt man allerdings einen Aquagürtel.

Ausgangsstellung

Mittelstellung

Endstellung

Ausgangsstellung

Endstellung

Übung 70a: Schulterboggie

Bewegungsausführung im Flachwasser:
AS: Grätschstand.

- AN wie ein Hufeisen in Stützposition halten, dabei zeigen die Enden der AN jeweils seitlich vom Körper nach vorne, Hände möglichst nach außen rotieren.
- Die Schultern auf- und abwärts bewegen.

Hinweise/Korrektur:

- Bauch- und Gesäßmuskulatur anspannen.
- Aufrechte Haltung.
- Schultertief im Wasser stehen.
- Die Ellbogengelenke bleiben gestreckt.

Ziele:

- Kräftigung der Schulterblattfixatoren.
- Stabilisation der Körperhaltung.
- Lockerung der Nackenmuskulatur (Nebeneffekt).

Diese Übung ist auch mit einem Gymnastikstab oder Schwimmbrett möglich, dabei werden die Geräte jeweils mit gestreckten, nach außen rotierten Armen hinter dem Körper unter Wasser gehalten.

Übung 70b: Schulterboggie

Bewegungsausführung im Tiefwasser:

AS: Senkrechte Körperposition oder kleine Kicks ausführen.

- AN wie ein Hufeisen in Stützposition halten, dabei zeigen die Enden der AN jeweils seitlich vom Körper nach vorne, Hände möglichst nach außen rotieren.
- Die Schultern auf- und abwärts bewegen.

Hinweise/Korrektur:

- Körperspannung.
- Bauch- und Gesäßmuskulatur anspannen.
- Die Ellbogengelenke bleiben gestreckt.
- Ein Aquagürtel ist von Vorteil.

Ziele:

- Kräftigung der Schulterblattfixatoren.
- Stabilisation der Körperhaltung.
- Lockerung der Nackenmuskulatur (Nebeneffekt).

Diese Übung ist auch, nach Anlegen eines Aquagürtels, mit einem Gymnastikstab oder Schwimmbrett möglich. Dabei werden die Geräte jeweils mit gestreckten, nach außen rotierten Armen hinter dem Körper unter Wasser gehalten.

Ausgangsstellung

Endstellung

Ausgangsstellung

Mittelstellung

Endstellung

Übung 71a: Schwingende Wirbelsäule

Bewegungsausführung im Flachwasser:

AS: Grätschstand.

- Die Handflächen liegen auf der AN, die vor dem Körper auf der Wasseroberfläche liegt.
- Den Oberkörper zur rechten und linken Seite drehen.

Hinweise/Korrektur:

- Aufrechte Haltung.
- Die Bewegung langsam ausführen.

Ziel:

- Mobilisation der Wirbelsäule.

Diese Übung ist auch mit einem Gymnastikstab oder Schwimmbrett möglich.

Übung 71b: Schwingende Wirbelsäule

Bewegungsausführung im Tiefwasser:

AS: Senkrechte Körperposition.

- Die Handflächen liegen auf der AN, die vor dem Körper auf der Wasseroberfläche liegt.
- Den Oberkörper zur rechten und linken Seite drehen, dabei dreht das Becken in die Gegenrichtung.

Hinweise/Korrektur:

- Aufrechte Haltung.
- Körperspannung.
- Die Bewegung langsam ausführen.
- Ein Aquagürtel wird benötigt.

Ziel:

- Mobilisation der Wirbelsäule.

Diese Übung ist auch mit einem Gymnastikstab oder Schwimmbrett möglich.

Ausgangsstellung

Endstellung

Übung 72: Lastpferd

Bewegungsausführung im Flach- und Tiefwasser.

AS:AN mit nach außen rotierten, gestreckten Armen hinter dem Körper unter Wasser halten, dabei vorwärts laufen.

Hinweise/Korrektur:

- Bauch- und Gesäßmuskulatur anspannen.
- Aufrechte Haltung.
- Die Schultern nicht nach oben ziehen.
- AN befindet sich nur knapp unter der Wasseroberfläche.
- Im Tiefwasser wird ein Aquagürtel benötigt.

Ziel:

- Dehnung der Brustmuskulatur.

Diese Übung ist mit Sticks, Hanteln, Gymnastikstab oder Schwimmbrett ausführbar.

Das Schwimmbrett sollte mit der Oberfläche so im Wasser gehalten werden, dass ein möglichst hoher Widerstand und damit ein besserer Dehnungseffekt erzielt werden kann.

Lastpferd

Übung 73: Storch

Bewegungsausführung im Flachwasser:

AS: Ein Fuß auf der AN liegend.

- Mit möglichst gestrecktem Bein rückwärts hüpfen.

Hinweise/Korrektur:

- Bauch- und Gesäßmuskulatur anspannen.
- Aufrechte Haltung.
- Kleine, federnde Sprünge.
- Die Fußspitze heranziehen.

Ziele:

- Mobilisation der Hüftgelenke.
- Dehnung der ischiocruralen Muskulatur (Beinrückseite).
- Dehnung der Wadenmuskulatur.

Storch

Übung 74: Einbeinstand

Bewegungsausführung im Flachwasser:

AS: Ein Unterschenkel, im Knie gebeugt, liegt auf der hinter dem Körper befindlichen AN.

- Das Körpergewicht auf das Standbein verlagern, damit der Auftrieb der AN eine Dehnung der Muskulatur bewirken kann.

Hinweise/Korrektur:

- Eventuell mit beiden Händen am Beckenrand halten.
- Bauch- und Gesäßmuskulatur anspannen.
- Aufrechte Haltung.
- Kein Hohlkreuz.
- Die Hüfte nicht aufdrehen.

Ziel:

- Dehnung der Oberschenkelmuskulatur (M. quadriceps femoris).

Einbeinstand

Übung 75: Herrensitz

Bewegungsausführung im Flach- und Tiefwasser:

AS: Auf der Aquanudel sitzend, Unterschenkel auf den Oberschenkel des anderen Beins legen.

- Das Knie sanft nach unten drücken.

Hinweise/Korrektur:

- Bauchmuskulatur anspannen.
- Aufrechte Sitzhaltung.

Ziele:

- Dehnung der Gesäßmuskulatur.
- Mobilisation der Hüftgelenke.

Herrensitz

Übung 76: Schreiten

Bewegungsausführung im Tiefwasser:

AS: AN in Hexenbesenposition.

- Scherbewegung mit den Beinen ausführen.

Hinweise/Korrektur:

- Die Bewegung langsam ausführen.
- Die Bewegung möglichst groß ausführen.
- Aufrechte Sitzhaltung.

Ziele:

- Dehnung des M. iliopsoas.
- Mobilisation der Hüftgelenke.

Schreiten

Übung 77: Galanterie

Bewegungsausführung im Tiefwasser:

AS: AN mit gestreckten Armen in Vorhalte.

- Scherbewegung mit den Beinen ausführen.

Hinweise/Korrektur:

- Die Bewegung langsam ausführen.
- Die Bewegung möglichst groß ausführen.
- Ein Aquagürtel ist von Vorteil.

Ziele:

- Dehnung des M. iliopsoas.
- Mobilisation der Hüftgelenke.

Galanterie

Übung 78: Schwanensee

Bewegungsausführung im Tiefwasser:

AS: AN in Hexenbesenposition.

- Die rechte Hand umfasst das rechte Fußgelenk, dabei den Unterschenkel anziehen.
- Die gleiche Übung umgekehrt.

Hinweise/Korrektur:

- Aufrechte Sitzhaltung.
- Das Becken aufrichten.
- Die Bauchmuskulatur anspannen.
- Das Knie zeigt senkrecht nach unten.
- Sculling mit freier Hand.

Ziel:

- Dehnung der Oberschenkelmuskulatur (M. quadriceps femoris).

Schwanensee

Übung 79: Ich habe mich gern

Bewegungsausführung im Flach- und Tiefwasser:

AS: AN in Hexenbesenposition, beide Arme umschließen die Schultern.

- Flachwasser: Kleine Hüpfer rückwärts.
- Tiefwasser: Schrittlauf.

Hinweise/Korrektur:

- Bauch- und Gesäßmuskulatur anspannen.
- Aufrechte Sitzhaltung.

Ziel:

- Dehnung der Schultergürtelmuskulatur.

Auf einem Schwimmbrett sitzend, ist die Übung bei guter Gleichgewichtsfähigkeit ebenfalls möglich.

Ich hab mich gern

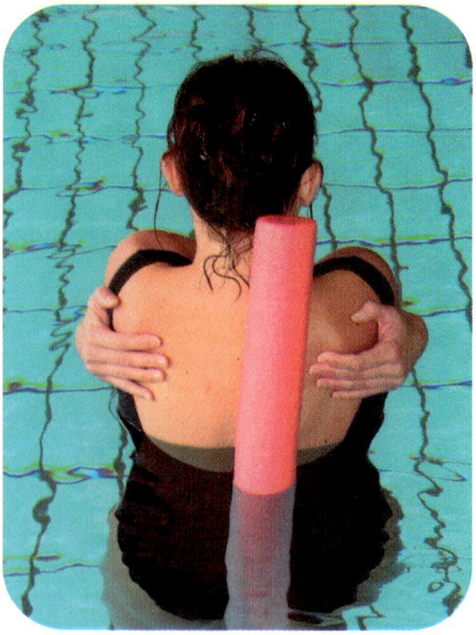

Ich hab mich gern

Schaufelrad

Schaufelrad

Übung 80: Schaufelrad

Bewegungsausführung im Flach- und Tiefwasser:

AS: AN in Hexenbesenposition, der rechte Arm ist zur Seite gestreckt, mit der Handfläche nach vorne zeigend.

- Drehung nach links um die Körperachse, dabei den rechten Arm nachziehen.

Hinweise/Korrektur:

- Bauch- und Gesäßmuskulatur anspannen.
- Aufrechte Haltung.
- Die Finger der rechten Hand schließen.
- Den Kopf in Richtung linke Schulter drehen.

Ziel:

- Dehnung der Brustmuskulatur.

Übung 81: Contract/Release

Bewegungsausführung im Flach- und Tiefwasser:

AS: AN in Hexenbesenposition.

- Leichte Schaukelbewegungen mit dem Oberkörper nach vorne und hinten.
- Vorwärtsbewegung: Arme in Seithalte, Handflächen zeigen nach vorne.
- Rückwärtsbewegung: Arme in Vorhalte, Handrücken zeigen zueinander.

Hinweise/Korrektur:

- Die Finger schließen.

Ziele:

- Dehnung der Brust- und oberen Rückenmuskulatur.
- Mobilisation der Wirbelsäule.

Ausgangsstellung

Endstellung

Übung 82: Dehnen mit dem Partner

Bewegungsausführung im Flach- und Tiefwasser:

AS: Beide Partner befinden sich seitlich nebeneinander, jeweils mit einer AN in Hexenbesenposition.

- Die Partner halten sich mit den nebeneinander befindlichen, gestreckten Armen (T-Fassung), wobei jeweils die „äußeren" Arme über die Seithalte nach oben geführt werden und sich die Partner in dieser Position die Hände geben.

Hinweise/Korrektur:

- Aufrechte Sitzposition.
- Den Oberkörper mit gestreckter Wirbelsäule zum Partner hin beugen.
- Bauch- und Gesäßmuskulatur anspannen.
- Die inneren Arme bleiben gestreckt.

Ziel:

- Flankendehnung.

Dehnen mit dem Partner

9 Entspannung mit der Aquanudel

Alleine – mit Partner – in der Gruppe

Nach einem intensiven Training hat man sich eine wohltuende Entspannung verdient. Mithilfe der Aquanudel ist es möglich, einen fast schwerelosen Zustand im Wasser zu erreichen. Spannungszustände der Muskulatur können sich lösen, während man sich vom Wasser tragen lässt.

Die Entspannungsphase sollte nicht zu lange andauern, weil der Körper im Wasser relativ schnell auskühlt. Falls du nach kurzer Zeit dennoch beginnst zu frieren (abhängig von der Wassertemperatur), ist es ratsam, sich vor dem Verlassen des Beckens noch einmal mit einem kurzen Bewegungsprogramm aufzuwärmen.

Übung 83: Fernsehsessel

Bewegungsausführung im Flach- und Tiefwasser:

AS: Rückenlage auf der Längsnudel.

- Die Beine auf die AN legen.

Hinweis/Korrektur:

- Je nach Auftrieb werden zwei Aquanudeln benötigt.

Fernsehsessel

Übung 84: Let the sunshine in

Bewegungsausführung im Flach- und Tiefwasser:
AS: Rückenlage mit AN hinter dem Rücken.
- Den Kopf auf der AN ablegen.
- Eventuell lockerer Beinschlag.

Hinweise/Korrektur:
- Körperspannung.
- Flach auf dem Wasser liegen.

Let the sunshine in

Übung 85: Man gönnt sich ja sonst nichts

Bewegungsausführung im Flach- und Tiefwasser:

AS: Rückenlage mit einer AN hinter dem Rücken, eine zweite AN liegt unter den Beinen.

- Den Kopf auf der AN ablegen.

Hinweise/Korrektur:

- Körperspannung.
- Flach auf dem Wasser liegen.

Man gönnt sich ja sonst nichts.

Übung 86: Schwerelos

Bewegungsausführung im Flach- und Tiefwasser:

AS: Rückenlage mit einer AN hinter dem Rücken, die Beine liegen auf dem Beckenrand.

- Den Kopf auf der AN ablegen.

Hinweise/Korrektur:

- Körperspannung.
- Flach auf dem Wasser liegen.

Schwerelos

Übung 87: Feierabend

Bewegungsausführung im Flach- und Tiefwasser:

AS: Ein Partner liegt in Rückenlage flach auf dem Wasser mit der AN hinter dem Rücken.

- Der andere Partner hält die Beine und zieht oder schiebt den Partner durch das Wasser.

Hinweise/Korrektur:

- Teilnehmer 1: Den Kopf ablegen, Körperspannung.
- Teilnehmer 2: Langsames Schieben.

Feierabend

Übung 88: Kreisentspannung

Bewegungsausführung im Flach- und Tiefwasser:

AS: Alle Teilnehmer liegen in Rückenlage flach auf dem Wasser mit der AN unter dem Rücken.

- Jeder Teilnehmer fasst jeweils mit seiner rechten und linken Hand die AN der Nachbarn, sodass ein Kreis entsteht.
- Lockere Kraulbewegungen der Beine, wechselnd in beide Bewegungsrichtungen.

Hinweise/Korrektur:

- Den Kopf möglichst auf der AN ablegen.
- Körperspannung.

Die Aquanudeln können mit Verbindungsstücken in einer Kreisform miteinander verbunden werden, sodass sie nicht von den Teilnehmern gehalten werden müssen.

Diese Entspannungsform ist auch mit Schwimmbrettern möglich. Jeder Teilnehmer legt jeweils den rechten Arm auf das rechts neben ihm schwimmende Brett und den linken Arm auf das linke Schwimmbrett, sodass je zwei fremde Arme ein Brett halten.

Kreisentspannung

Übung 89: Igelballmassage

Bewegungsausführung im Flach- und Tiefwasser:

AS: AN in Hexenbesenposition, alle Teilnehmer bilden einen Flankenkreis.

- Jeder Teilnehmer massiert den Rücken des jeweiligen Vordermanns.

Hinweise/Korrektur:

- Nicht auf der Wirbelsäule massieren.
- Kreisende Bewegungen mit dem Ball durchführen.

Ziele:

- Lockerung der Rückenmuskulatur.
- Kommunikation.

Alternativ können Tennisbälle oder Luftballons eingesetzt werden.

Igelballmassage

Übung 90: Let it flow

Bewegungsausführung im Flach- und Tiefwasser:

AS: Rückenlage mit den Armen am Beckenrand haltend, Unterschenkel liegen auf der Aquanudel.

- Bewusstes Ein- und Ausatmen, dabei das Heben und Sinken des Körpers wahrnehmen.

Hinweise/Korrektur:

- Den Kopf auf den Beckenrand ablegen.
- Eventuell die Augen schließen.

Ziel:

- Körperwahrnehmung.

Die Übung kann auch, je nach Beckenrand, in umgekehrter Position ausgeführt werden, d. h., beide Fersen liegen auf dem Beckenrand und die Aquanudel befindet sich hinter dem Körper. Der Kopf sollte auf der Aquanudel abgelegt werden.

Let it flow

10 Wasserspiele für jedes Alter

„We don't stop playing because we get old, we get old because we stop playing!"

Grundsätzlich lassen sich fast alle bekannten Landspiele in etwas abgewandelter Form sowohl ins Flach- als auch ins Tiefwasser übertragen. Die Aquanudel oder alternative Aquageräte lassen sich fast immer in den Spielverlauf integrieren. Zur Anregung möchte ich einige Spielformen, unter Berücksichtigung verschiedener Hilfsmittel, beispielhaft vorstellen.

Also – nur der Fantasie freien Lauf lassen und selbst „alte" Spiele wieder neu erfinden!

Und nicht vergessen: Man ist nie zu alt zum Spielen!

10.1 Kennenlernspiele

Atomspiel

Die Gruppe bewegt sich mit der Aquanudel im Flach- oder Tiefwasser. Auf ein vorher festgelegtes Kommando finden sich, je nach vorgegebener Aufgabe, die einzelnen Teilnehmer in entsprechenden Gruppen zusammen. So kann z. B. eine bestimmte Gruppengröße oder Gemeinsamkeiten verschiedener Personen vorgegeben werden.

In einer Gruppe für Fortgeschrittene kann eine übrig gebliebene Person eine neue Fortbewegungsart für die nächste Runde vorgeben.

Gordischer Knoten

Alle Teilnehmer stehen jeweils mit einer Aquanudel in Kreisform mit Blick zur Kreismitte im Flachwasser. Sie halten ihre Aquanudel mit dem einen Ende nach oben in die Mitte.

Jede Person greift mit der freien Hand nach einer Aquanudel der anderen Mitspieler. Sobald alle ein Ende gefasst haben, wird versucht, den „Knoten" zu entwirren, ohne die Hände von der Aquanudel zu lösen.

Variationsmöglichkeit:

- Mit geschlossenen Augen eine Aquanudel fassen.

Namenspiel

Alle Teilnehmer sitzen auf ihrer Aquanudel (Schaukelsitzposition) und bewegen sich mithilfe von Armen und Beinen fort.

Sie spielen sich einen weichen Ball zu, wobei jeder vor dem Abwurf seinen Namen ruft. Bei einer größeren Anzahl von Teilnehmern können mehrere Bälle im Umlauf sein.

Variationsmöglichkeiten:

- Der Werfer nennt den Namen des gewünschten Fängers.
- Bei Anfängern ist die Hexenbesenposition besser.

Gedächtnisspiel

Das Spiel eignet sich eher für eine fortgeschrittene oder entsprechend kreative Gruppe:

Alle Teilnehmer befinden sich in einem Kreis mit Blick zur Kreismitte. Ein Teilnehmer beginnt, seinen Namen zu nennen und schließt eine Bewegung bzw. Übung mit der Aquanudel an.

Der Nachbar wiederholt dessen Namen und die vorgeführte Bewegung und schließt seinen eigenen Namen mit einer neuen Bewegung an. Der nächste Nachbar wiederholt jeweils die Namen und Bewegungen der vorherigen Personen usw. Die ganze Gruppe führt jeweils die Bewegungen gemeinsam mit der Person durch, die gerade an der Reihe ist.

10.2 Kooperative Gruppenspiele

Farbenspiel

Die Teilnehmer laufen in kleinen Kreisen mit Handfassung in eine Richtung. Bei der Demonstration entsprechender Aquanudeln werden verschiedene Bewegungsaufgaben vorgegeben:

Rote Aquanudel:	• Richtungswechsel.
Grüne Aquanudel:	• Kreise wechseln.
Blaue Aquanudel:	• Bilden eines großen Kreises.

Die Bewegungsaufgaben können natürlich beliebig abgeändert werden.

Aufgabenparcours

Vier kleine Gruppen befinden sich an je einer Station in den Ecken des Beckens. Die Gruppen wechseln die Seiten jeweils mit verschiedenen, vorgegebenen Fortbewegungsarten. An jeder Station werden unterschiedliche Übungen ausgeführt.

Die Zeitdauer für die Stationsübungen ist abhängig von der Übungsauswahl und dem Leistungsniveau der Gruppe.

Um den Parcours möglichst abwechslungsreich zu gestalten, sollten die Übungen verschiedene Trainingsziele ansprechen (s. Kap. 4.7).

Harry Potters Besenritt

Alle Teilnehmer benutzen die Aquanudel jeweils als „Hexenbesen" und bilden einen Flankenkreis. Jede Person fasst das Ende der Aquanudel des Vordermanns. Die Gruppe läuft nun möglichst schnell vorwärts.

Auf ein kurzes Kommando (z. B. Pfiff) werden schnelle Richtungswechsel durchgeführt, d. h., alle vollführen eine halbe Drehung um die Körperachse und fassen möglichst schnell das Ende der Aquanudel des neuen Vordermanns.

Variationsmöglichkeit:

- Im Kreis werden verschiedene Fortbewegungsarten durchgeführt.

Harry Potters Besenritt

Kochtopf

Die Gruppe führt im Kreis, mit Blick zur Kreismitte, gemeinsam entsprechende Bewegungsaufgaben mit der Aquanudel durch.

Ein Teilnehmer der Gruppe umrundet währenddessen in einer vorgegebenen Fortbewegungsart den Kreis. Sobald dieser an seinem Platz ankommt, übernimmt er die Aquanudel des Nachbarn, der nun mit der Umrundung an der Reihe ist.

Haben alle Teilnehmer den Kreis umrundet, kann die Aufgabenstellung gewechselt werden.

Einkaufsspiel

An verschiedenen Ecken des Schwimmbeckens liegen jeweils kleine Einkaufslisten, auf denen ca. fünf verschiedene Utensilien benannt werden. Zu Beginn des Spiels bewegt sich die Gruppe kreuz und quer durch das Becken; vom Kursleiter können verschiedene Fortbewegungsarten mit der Aquanudel vorgegeben werden, dabei haben die Teilnehmer etwas Zeit, sich diese Einkaufslisten einzuprägen.

Der Kursleiter nennt jeweils ein Utensil, das in den Listen vorkommt, und die Gruppe versucht, sich möglichst schnell am entsprechenden Platz „anzustellen". Die Personen, die die falsche Liste gewählt haben bzw. als Letzte in der Reihe stehen, geben eine neue Bewegungsform für die Gruppe vor.

Whirlpool

Es werden kleine Gruppen von ca. sechs Personen gebildet. Ein Teilnehmer befindet sich in der Mitte eines Kreises, den die anderen Teilnehmer, jeweils mit einer Aquanudel ausgestattet, bilden. Die Aquanudeln werden zu einer Brezel geformt. Die Gruppe bewegt nun die Aquanudeln in möglichst hoher Geschwindigkeit vorwärts und rückwärts. Das aufwirbelnde Wasser bewirkt einen Massageeffekt für die in der Mitte des Kreises stehende Person. Man sollte darauf hinweisen, dass die Aquanudeln möglichst unter Wasser bewegt werden, damit es nicht so sehr spritzt.

Der *Whirlpool* ist mit Schwimmbrettern auch sehr gut durchführbar, weil die höheren Widerstände einen noch besseren Massageeffekt bewirken.

Variationsmöglichkeit:

- Die Teilnehmer bewegen sich mit Seitwärtsschritten im Kreis rechts- oder linksherum bei gleichzeitigem Vorwärts- und Rückwärtsschieben der Aquanudel oder des Schwimmbretts.

Whirlpool

Schwankender Boden

Alle Teilnehmer stellen sich auf ihr Schwimmbrett und bilden einen engen Kreis. Nun versucht die Gruppe, in eine vorher festgelegte Bewegungsrichtung von Brett zu Brett zu steigen, ohne dass ein Schwimmbrett aus dem Wasser auftaucht.

Fließband

Die Gruppe (mindestens 12 Personen) bildet eine enge Gasse, wobei alle in Schrittstellung gegenüberstehenden Paare das Ende einer Aquanudel mit beiden Händen halten. Ein weiterer Spieler legt sich am Anfang der Gasse in Bauch- oder Rückenlage auf die Aquanudeln. Nun wird er von den anderen Teilnehmern durch schwungvolles Heben und Senken der Aquanudeln weitertransportiert.

Hinweis: Der zu transportierende Spieler muss seinen Körper strecken und anspannen.

Das Spiel ist nur im Flachwasser gut durchführbar.

10.3 Fangspiele

Hässliches Entlein

Ein oder mehrere Fänger versuchen, die auf ihrem Kopf befindliche Aquanudel, die als Brezel geformt ist, einem anderen Teilnehmer aufzusetzen; dieser wird wiederum zum Fänger.

Variationsmöglichkeiten:
- Fortbewegungsarten können, je nach Wassertiefe, unterschiedlich bestimmt werden.
- Alle Teilnehmer versuchen, sich die „schöne Kopfbedeckung" selbst anzueignen.

Rettung naht

Alle Teilnehmer bewegen sich mithilfe der Aquanudel durchs Becken (z. B. Sprünge in Hexenbesen- oder Hockerposition). Je nach Anzahl der Teilnehmer werden ein oder mehrere Fänger bestimmt. Durch Zuwerfen eines Balls durch einen der Gejagten kann man vor dem Abklatschen gerettet werden, d. h., ist man im Besitz eines Balls, darf man nicht abgeklatscht werden.

Es können auch mehrere Bälle im Spiel sein.

Es darf kein Ball auf Dauer festgehalten werden.

Wird eine Person „gefangen", wird diese zum Fänger.

Wer hat Angst vor dem Aquanudelmonster?

Ein Fänger und der Rest der Gruppe befinden sich an zwei gegenüberliegenden Seiten des Schwimmbeckens. Die Gruppe versucht, die gegenüberliegende Seite zu erreichen, ohne vom *Monster*, das ebenfalls das Becken durchquert, abgeschlagen zu werden. Abgeschlagene werden beim nächsten Wechsel der Seiten auch zu *Monstern*.

Variationsmöglichkeit:

- Fortbewegungsarten mit der Aquanudel variieren.

Trittbrettfahrer

Die Gruppe wird in Paare aufgeteilt. 1-3 Fänger werden festgelegt. Die Paare haken sich jeweils ein und bewegen sich im Becken mithilfe der Aquanudel oder auf einem Schwimmbrett sitzend fort. Die Fänger versuchen, sich jeweils an ein Paar anzuhängen, indem sie sich bei einem der Partner ebenfalls einhaken. Hakt er sich beim linken Partner ein, wird der rechte Partner zum Fänger und umgekehrt.

Kettenfangen

Alle Teilnehmer bewegen sich im Becken mithilfe der Aquanudel oder auf einem Schwimmbrett sitzend fort. 1-2 Fänger werden bestimmt. Wird ein Teilnehmer von einem der Fänger abgeschlagen, fassen sie sich an den Händen und beginnen ihre Jagd von neuem. Jeder weitere abgeschlagene Spieler kommt als neues Mitglied hinzu, wobei nur die äußeren Kettenmitglieder mit ihrer freien Hand abschlagen dürfen. Am Ende des Spiels bilden alle Teilnehmer eine Kette.

Variationsmöglichkeit:

- Besteht eine Kette jeweils aus vier Spielern, wird sie in der Mitte getrennt, sodass jeweils Zweierketten als Fänger fungieren.

Schlangenfangen

Jeweils 3-4 Personen, mit der Aquanudel in Hexenbesenposition, bilden eine Schlange, indem sie jeweils das hintere Ende der Aquanudel des Vordermanns fassen. Die Schlangen, die nicht auseinander reißen dürfen, versuchen, jeweils die letzte Person einer anderen Schlange abzuschlagen und dürfen dann diese dem eigenen Schlangenkörper anfügen.

Variationsmöglichkeit:

- Es können verschiedene Fortbewegungsarten vorgegeben werden.

Fischer und Fische

Zwei Parteien befinden sich gegenüber und bilden eine Gasse. Der Kursleiter erzählt eine kleine Geschichte, in der Sätze vorkommen, die entweder der Wahrheit entsprechen oder eine Lüge sind (z. B. in der Nacht schien die Sonne). Sobald eine Lüge ausgesprochen wurde, haben die Fische die Aufgabe, die Fischer zu fangen, das Umgekehrte gilt für die wahren Aussagen.

Variationsmöglichkeit:

- Es können unterschiedliche Bewegungsaufgaben zur Fortbewegung mit verschiedenen Geräten, z. B. Hanteln, Schwimmbretter, Aquanudeln usw., gestellt werden.

Herr der Ringe

Die Gruppe bewegt sich mit verschiedenfarbigen Aquanudeln im Becken. Jeder Spieler ist mit einigen Einmachgummis, Rubberbands oder Ähnlichem ausgerüstet. Je nach Leistungsniveau stehen verschiedene Fortbewegungsarten zur Auswahl (z. B. Sprünge, Kniehebelauf in Hexenbesenposition, Knien, Stehen, Schaukelsitzposition auf der Aquanudel). Die Jagd auf bestimmte Spieler beginnt, wenn der Kursleiter die Farbe der entsprechenden Besitzer der Aquanudeln nennt. Alle versuchen nun, ihre Gummibänder über die Aquanudelenden der Gejagten zu stülpen. Bei Nennung einer weiteren Farbe wird die Jagd auf die entsprechenden anderen Teilnehmer fortgesetzt. Gewinner des Spiels sind die Teilnehmer, die am Ende die wenigsten Gummibänder besitzen.

10.4 Wettkampf- und Staffelspiele

Zehnerspiel

Es werden zwei Teams gebildet, die jeweils gleichfarbige Aquanudeln besitzen, um die Teams besser unterscheiden zu können. Alle Teilnehmer nehmen die Schaukelsitzposition ein und dürfen sich nur ohne Bodenkontakt mit den Beinen fortbewegen.

Die Aufgabe besteht nun darin, einen Ball innerhalb des eigenen Teams 10 x untereinander zuzupassen, ohne diesen ans gegnerische Team zu verlieren. Sobald jeweils das Gegnerteam am Ball war, muss mit dem Zählen wieder von vorne begonnen werden.

Hinweis: Der Ball darf nicht mehrmals von den gleichen Teammitgliedern unmittelbar nacheinander zugepasst werden.

Variationsmöglichkeit:
- Sitzposition auf einem Schwimmbrett einnehmen.

Ball ins Tor

Zwei Mannschaften spielen im Flach- oder Tiefwasser gegeneinander. Die Tore können zwei auf dem Wasser schwimmende Autoschläuche sein oder durch Kleingeräte am Beckenrand kenntlich gemacht werden. Gelingt es, den Ball in das gegnerische Tor zu befördern, wird ein Punkt erzielt. Es bietet sich an, ohne Torwart zu spielen.

Variationsmöglichkeiten:
- Verschiedene Ausgangsstellungen mit der Aquanudel wählen: Schaukelsitzposition, Hexenbesenposition, Stehen oder Knien auf der Aquanudel.
- In Sitzposition auf dem Schwimmbrett spielen.
- Fortbewegungsart festlegen: Nur mit Arm- bzw. Beinbewegungen fortbewegen, nur rückwärts oder seitwärts laufen.
- Beide Mannschaften spielen nur auf ein Tor.

Siamesisches Wasserballspiel

Es werden zwei Teams gebildet, wobei alle Spieler die Hexenbesenposition auf einer Aquanudel einnehmen. Je zwei Spieler eines Teams werden durch ein Seil, Tuch oder Gummiband an den Armen zusammengebunden. Ziel ist es, trotz Handicap, einen Wasserball oder Ähnliches in das gegnerische Tor zu werfen.

Hinweis: Die Spieler dürfen sowohl mit dem freien als auch mit dem verbundenen Arm den Ball fangen und abwerfen, wobei sie sich dabei gut absprechen müssen.

Siamesisches Wasserballspiel

Volleyspiel

Ein großer Wasserball wird innerhalb der Gruppe in Kreisform zugespielt, wobei die Spieler auf einem Schwimmbrett sitzen oder die Aquanudel in Schaukelsitz- oder Hexenbesenposition einsetzen.

Variationsmöglichkeiten:

- Die ganze Gruppe spielt miteinander d. h., sie zählen die Ballkontakte bis zu einem Ballverlust.
- Es werden Teams gebildet, die gegeneinander spielen, wobei sie jeweils ihre Ballkontakte zählen. Welches Team erreicht den Rekord?
- Über mehrere Übungseinheiten innerhalb eines Aquakurses können jeweils neue Rekordversuche gestartet werden, entweder als ganze Gruppe oder im Wettkampf untereinander.
- Der Ball wird nur zugepritscht und darf nicht gefangen, gehalten oder geworfen werden.
- Der Wasserball wird nur mithilfe von Schwimmbrettern, die als Schläger fungieren, zugespielt.
- Der Wasserball wird nur mithilfe von Sticks, die als Schläger fungieren, zugespielt.

Ball über die Schnur

Dieses Landspiel kann mit beliebig abgeänderten Regeln im Wasser durchgeführt werden, d. h. die folgenden Regeln können angewendet werden.

Zwei Spielfelder werden durch eine Schnur, die ungefähr 1 m über der Wasseroberfläche gespannt ist, getrennt. Es werden zwei Mannschaften gebildet, wobei sich die Spieler jeweils in Sitzposition auf einem Schwimmbrett oder einer Aquanudel befinden. Innerhalb der Mannschaft muss der Wasserball mindestens 2 x und maximal 4 x zugespielt werden, bevor der Ball über die Schnur an das andere Team abgespielt wird. Jeder Spieler darf den Ball nicht 2 x direkt hintereinander spielen. Der Ball wird gepritscht oder mit einer Faust geschlagen, darf aber nicht gehalten oder geworfen werden. Punkte kann nur die aufschlaggebende Mannschaft erzielen. Aufschlagwechsel erfolgt, wenn der Ball ins Aus (Beckenrand usw.) geht oder ein Team einen Fehler begeht. Verlieren Spieler beim Ballkontakt ihr Gleichgewicht (Herunterfallen vom Brett oder der Aquanudel), gilt dies als Fehler. Spielerpositionen sollten gewechselt werden.

Variationsmöglichkeit:

- Ball unter die Schnur.

Wandernudel

Es werden zwei Teams gebildet, die sich hintereinander im Grätschstand aufstellen.

Jeweils die vorderste Person beginnt, eine Aquanudel der Länge nach durch die gegrätschten Beine weiterzugeben. Sobald die Aquanudel bei der hintersten Person angekommen ist, läuft oder schwimmt (Fortbewegungsart nach Wahl) diese mit der Nudel nach vorne, an den Anfang der Reihe, und beginnt auf ein Neues, bis alle Teilnehmer 1 x an der Reihe waren.

Variationsmöglichkeiten:

- Die Teammitglieder stehen hintereinander. Aufgabe ist es, möglichst schnell nacheinander über eine oder mehrere Aquanudeln zu hüpfen.
- Auch bei diesem Spiel können alternative Aquageräte eingesetzt werden.

Reise nach Jerusalem

Im Becken schwimmen Aquanudeln in Brezelform, eine weniger als teilnehmende Personen.

Alle Teilnehmer bewegen sich im Wasser und versuchen, auf ein bestimmtes Kommando (z. B. Musikstopp) möglichst schnell eine Brezel zu ergattern und sich diese auf den Kopf zu setzen. Die Person, die keine Brezel erwischen konnte, gibt eine neue Fortbewegungsart vor.

Gerätesammeln

Es werden zwei Teams gebildet, die sich jeweils an den gegenüberliegenden Beckenrandseiten positionieren. In der Mitte des Beckens schwimmt eine große Anzahl unterschiedlicher Aquageräte (z. B. Aquanudeln, Sticks, Schwimmbretter, Gymnastikstäbe, Hanteln, verschieden große Bälle usw.). Auf ein Kommando des Kursleiters beginnen die Spieler, möglichst viele Utensilien zu ihrer Beckenrandseite zu transportieren. Das Team, das die meisten Geräte sammeln konnte, gewinnt.

Hinweise:

- Es darf immer nur ein Gerät transportiert werden.
- Die Geräte dürfen nicht geworfen werden.

Variationsmöglichkeiten:

- Vom Kursleiter können verschiedene Fortbewegungsarten vorgegeben werden bzw. kann für jedes Gerät, das transportiert wird, eine unterschiedliche Fortbewegungsart gelten.
- Der Kursleiter gibt die Farbe der Geräte vor, die eingesammelt werden sollen, z. B. alle roten Geräte werden eingesammelt oder nur blaue Utensilien dürfen transportiert werden.

Steifer Butler

Es werden Teams gebildet, die aus 5-6 Mitgliedern bestehen. Auf einer Beckenrandseite steht pro Team ein kleines Gefäß, das mit einer bestimmten Menge Wasser gefüllt ist und ein leerer Becher. Am gegenüberliegenden Beckenrand steht pro Team ein leeres Gefäß. Die Mannschaft hat die Aufgabe, einen Mitspieler, der mit gespanntem Körper auf der Wasseroberfläche liegt (*steifer Butler*), zu transportieren. Sofort nach dem Start füllen die Transporteure den Becher mit Wasser aus dem vorbereiteten Gefäß und stellen ihn auf den Bauch oder Brustkorb des Butlers. Während des Transports darf der Becher nicht umkippen. Am anderen Beckenrand angekommen, wird der Becher in das leere Gefäß geschüttet.

Die Gruppe läuft oder schwimmt zum Ausgangspunkt zurück und transportiert die nächste Portion Wasser mit einem neuen Butler.

Nach einer vorher festgelegten Zeit wird das Spiel abgepfiffen, die Gruppe mit dem höchsten Pegelstand in den vorher leeren Gefäßen gewinnt.

Hinweise:

- Kippt der Becher während des Transports, muss die Gruppe zurück, um neues Wasser zu holen.
- Es darf während des Spiels kein Wasser aus dem Schwimmbecken entnommen werden.
- Das Spiel sollte mindestens so lange andauern, dass jeder Spieler 1 x als Butler fungiert.
- Der Butler darf den Transport nicht durch Eigenbewegungen unterstützen.
- Der Becher darf nicht mit den Händen gehalten werden.
- Nicht schummeln!

Staffeln, Pendelstaffeln

Für Staffelspiele eignen sich verschiedenste Bewegungsaufgaben. Um eine optimale Bewegungszeit für alle Teilnehmer zu gewährleisten, ist es wichtig, möglichst kleine Gruppen zu bilden und die zurückzulegende Distanz dem entsprechenden Leistungsniveau anzupassen. Da diese Spiele einen hohen Wettkampfcharakter aufweisen, eignen sie sich besonders gut, um am Ende einer Trainingseinheit noch einmal die letzten Leistungsreserven zu mobilisieren. Die Bewegungsaufgaben können so gestellt werden, dass sie entweder durch eine Person, partnerweise oder durch mehrere Personen bzw. durch das ganze Team absolviert werden müssen.

Mögliche Bewegungsaufgaben:

Eine Person

- Schnelle Strecksprünge vorwärts oder rückwärts mit der Aquanudel in Hexenbesenposition.
- Schaukelsitz- oder Hexenbesenposition mit der Aquanudel, dabei einen Tischtennisball auf einem Löffel transportieren (Eierlauf).
- Schaukelsitzposition; nur mit den Armen vorwärts bewegen.
- Ein brennendes Teelicht auf einem Schwimmbrett transportieren.
- Einen Ball auf einem Schwimmbrett transportieren.
- Schaukelsitz- oder Hexenbesenposition mit der Aquanudel bzw. Sitzposition auf einem Schwimmbrett, mit Beinbewegungen fortbewegen, wobei zwei Tennisbälle mit nach vorne oder zur Seite gestreckten Armen transportiert werden.

Zwei Personen

- Eine Person legt sich die Aquanudel vor den Körper, die andere Person fasst die beiden Enden der Aquanudel und nimmt eine Schwimmlage ein; die vordere Person zieht nun den Partner auf diese Weise zum Ziel.
- Beide Partner befinden sich in Hexenbesenposition auf zwei parallel liegenden Aquanudeln. Eine Person mit Blickrichtung zum Ziel, die andere mit Blickrichtung zum Start (Rücken an Rücken); auf diese Weise fortbewegen.
- Beide Partner halten jeweils gegenüberstehend die Enden von zwei Gymnastikstäben; Transport von 2-3 Bällen auf den Stäben.
- Ein Partner trägt den anderen huckepack, wobei der Getragene einen Ball auf der Handfläche balanciert.

Mehrere Personen

- Zwei Personen werden auf zwei parallel liegenden Aquanudeln, hintereinander sitzend, von ca. zwei Teammitgliedern transportiert.
- Drei Teilnehmer befinden sich hintereinander, jeweils mit der rechten und linken Hand gemeinsam je eine Aquanudel haltend; mit einer „Sägebewegung" zum Ziel joggen.
- Ein Spieler sitzt auf mehreren gestapelten Brettern, das Team schiebt diesen zur Ziellinie. Mehrere Durchgänge ermöglichen, dass alle Teammitglieder einmal transportiert werden.
- Ein Spieler wird auf mehreren, nebeneinander schwimmenden Brettern liegend transportiert.
- 3-4 Spieler stehen hintereinander, jeweils mit dem rechten bzw. mit dem linken Fuß auf je einer Aquanudel, d. h. rechte Füße alle auf einer Aquanudel und linke Füße auf der anderen.
- Es sind mehrere Durchgänge mit unterschiedlichen Fortbewegungsarten möglich, z. B.: vorwärts oder rückwärts laufen, Hocksprünge, eine bestimmte Anzahl von Drehungen usw.

Teilnehmer bei Staffelspielen

- 3-4 Spieler befinden sich hintereinander mit der Aquanudel in Hexenbesenposition, dabei fasst jeder Teilnehmer das Nudelende des Vordermanns. Gemeinsam mit Strecksprüngen oder Kniehebelauf eine bestimmte Strecke zurücklegen, ohne den Kontakt zum jeweiligen Vordermann zu verlieren.
- 2-4 Spieler transportieren einen Teilnehmer auf zwei Gymnastikstäben sitzend.
- 4-5 Spieler transportieren einen Teilnehmer, der in Rückenlage auf mehreren (4-5), nebeneinander liegenden Schwimmbrettern gebettet ist.

Teilnehmer bei Staffelspielen

Teilnehmer bei Staffelspielen

11 Kleine Tänze

Musik spielt bei Bewegungen im Wasser hauptsächlich eine motivierende Rolle, da der Widerstand des Wassers das Trainieren im Takt erheblich erschwert.

Man sollte allerdings trotzdem nicht davor zurückschrecken, einmal kleine Tänze im Wasser zu erarbeiten, denn „Tanzen im Wasser" ist eine neue, wunderbare Erfahrung, die den meisten Personen sehr viel Spaß macht.

Bei der Erstellung einer eigenen Choreografie solltest du darauf achten, dass man für einzelne Bewegungen längere Zählzeiten (ZZ) braucht, dies gilt besonders für Richtungswechsel während des Tanzes. Als Anregung möchte ich im Folgenden einige kleine Choreografien vorstellen.

Sternpolka

Ausführung im Tiefwasser:

AS: Kreisform, Aquanudel als Hexenbesen.

4 x 8 ZZ: Schrittlauf in Tanzrichtung, Hände in Hüfte gestützt.
4 x 8 ZZ: Schrittlauf in Uhrzeigerrichtung, Hände in Hüfte gestützt.
4 x 8 ZZ: Blickrichtung zur Kreismitte.

- 1 x mit gestreckten Armen aus dem Wasser in die Hände der Nachbarn klatschen.
- 1 x mit gestreckten Armen aus dem Wasser in die eigenen Hände klatschen.
- 1 x in die Hände der Nachbarn klatschen.
- 2 x in die eigenen Hände klatschen.

2 x 8 ZZ: Schuhplattler vorne.
2 x 8 ZZ: Schuhplattler hinten.

Der Tanz beginnt von vorn.

Sternpolka

Time Warp

Ausführung im Tiefwasser:
AS: Kreisform, Aquanudel als Hexenbesen.

Kurzes Vorspiel.

Strophe (Teil I):

Blick in Tanzrichtung:	Schaukeln vorwärts (4 x 8 ZZ). Schaukeln seitwärts (4 x 8 ZZ).
Blick zur Kreismitte:	Kickbewegungen der Beine im Wechsel.

Refrain (Teil II):

Blick zur Kreismitte:	Den rechten Arm hochstrecken. Den linken Arm hochstrecken. Die rechte Hand hinter den Kopf. Die linke Hand hinter den Kopf. Shaken mit beiden Ellbogen im Wasser, dabei liegen die Hände auf dem vorderen Beckenkamm auf.
Teil II:	Wiederholen.

Refrain (Teil III):

„Jump to the left":	Eine Vierteldrehung nach links: Kniehebelauf.
„Jump to the right":	Eine halbe Drehung nach rechts: Kniehebelauf.
„Put your hands…":	Die Hände auf das Gesäß legen: Kniehebelauf.
„Let's …":	Wiederholung von Teil I mit Blick in Tanzrichtung.
Strophe:	Teil I wiederholen.
Halber Refrain:	Teil II wiederholen.
Strophe:	Twisten mit Armarbeit in Tanzrichtung (3 x 8 ZZ). Twisten mit Armarbeit in Uhrzeigerrichtung (3 x 8 ZZ).
Refrain:	Teil II und Teil III wiederholen.

Jiffi Mixer (Folklore)

Ausführung im Tiefwasser:
AS: Aquanudel als Hexenbesen.
Partnerweise gegenüber in Senkrechtposition, verteilt im Wasser.

Teil I:	Kicks der Beine (1 x 8 ZZ). Seitwärts laufen nach rechts (1 x 8 ZZ). Kicks der Beine (1 x 8 ZZ). Seitwärts laufen (1 x 8 ZZ).
Teil II:	Kniehebelauf, mit Partner eingehakt über die rechte Schulter drehen (2 x 8 ZZ).
Teil III:	Suchen eines neuen Partners im Schrittlauf (2 x 8 ZZ).

Der Tanz beginnt von vorn.

Teil II:	Mit jedem Durchgang die Drehrichtung ändern.

Funiculi Funicula (Pavarotti and Friends)

Ausführung im Flachwasser:
AS: Kreisform mit Blickrichtung zur Mitte, Schaukelsitzposition.

1. Refrain:	Beide Beine kräftig heranziehen, dabei zur Kreismitte bewegen.
2. Refrain:	Beide Beine kräftig wegstoßen (rückwärts) und Kreis öffnen.
Strophe:	Mit beiden Händen gleichmäßig schaufeln vorwärts in Tanzrichtung. Mit beiden Händen gleichmäßig schaufeln vorwärts in Uhrzeigerrichtung. Mit beiden Händen im Wechsel schaufeln, dabei eine ganze Drehung über die linke Schulter ausführen. Mit beiden Händen im Wechsel schaufeln, dabei eine ganze Drehung über die rechte Schulter ausführen.

1. Refrain:	Seilhüpfen (s. Kap. 5.2, Übung 19).
2. Refrain:	Wechselhüpfen (s. Kap. 5.2, Übung 20).

Den Tanz mit dem nächsten Refrain von vorne beginnen.

Surfin' USA

Ausführung im Flachwasser:

AS: Paarweise in Kreisform mit Blickrichtung zur Mitte, jede zweite Person hält eine Aquanudel vor dem Körper.
Die Personen ohne Aquanudel führen die Bewegungen ähnlich aus.

Teil I:

1 x 8 ZZ:	Vier Schritte vorwärts, dabei Aquanudel vor- und zurückschieben.
ZZ 7/8:	Aquanudel unter Wasser nach rechts weitergeben.
1 x 8 ZZ:	Vier Schritte rückwärts, dabei Aquanudel vor- und zurückschieben.
2 x 8 ZZ:	Die Knie im Wechsel heben und senken, dabei die Aquanudel in Vorhalte.

Wiederholung von Teil I, dabei AN nach links weitergeben.

Teil II:

2 x 8 ZZ:	Person mit Aquanudel: „Seilsprünge"; Partner umkreist diesen mit Beinkicks.
2 x 8 ZZ:	Twisten, vis à vis zum Partner, dabei schieben beide Personen die Aquanudel nach rechts und links.

Wiederholung von Teil II, mit Aquanudelwechsel.

Der Tanz beginnt von vorn.

Den Liedausklang mit Kicks beenden.

12 Übersicht – Übungsprogramm Anfänger

Programmbeispiel für das Flachwasser:

Ü 9a: Formel-1

Ü 10a: Einen Teig rollen

Ü 11a: Mississippidampfer

Ü 13a: Wasserpumpe

Ü 15: In der Suppe rühren

Ü 16: Im Galopp

Ü 17a: Let's twist

Ü 21a: Zeigt her eure Füße

Ü 24a: Jumping Jack

Ü 26a: Noodle Diving

Ü 27a: Nudelpendel

Ü 30a: Sitzpolstermassage

Ü 31a: Pendeluhr

Ü 34a: Butterfly

Ü 37: Kasatschok

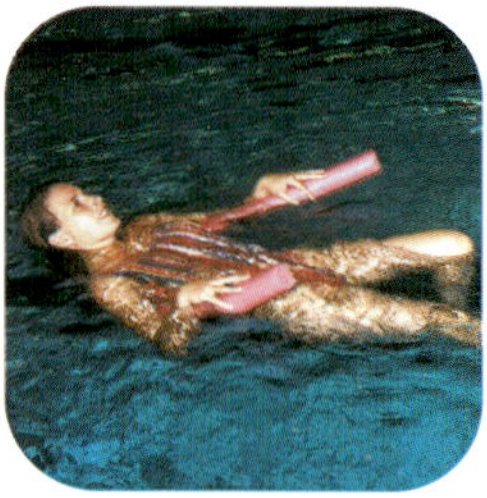

Ü 39: Manta

Ü 45: Sitztraining

Ü 47a: Eine Luftmatratze aufpumpen

Ü 69: Nudel rundherum

Ü 71a: Schwingende Wirbelsäule

Ü 74: Einbeinstand

Ü 75: Herrensitz

Ü 79: Ich habe mich gern

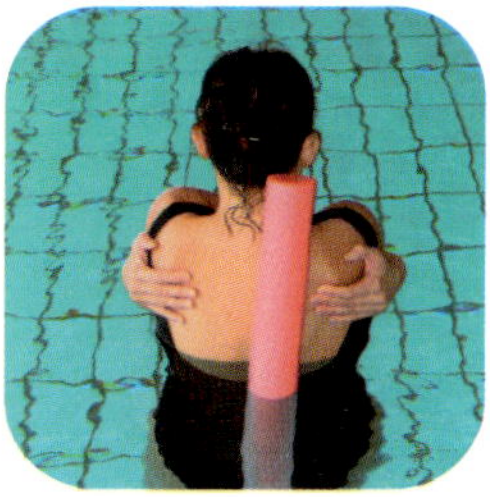

Ü 84: Let the sunshine in

Programmbeispiel für das Tiefwasser:

Ü **1b**: Let's kick

Ü **2b**: Jogging

Ü **3b**: Robojogg

Ü **4b**: Hampelmann

Ü **6b**: Stehaufmännchen

Ü **9b**: Formel-1

Ü **12b**: Kanufahren

Ü **14**: Klettersteig

Ü **30b**: Sitzpolstermassage

Ü 31b: Pendeluhr

Ü 32: Fassadenklettern

Ü 33b: Stützkorsett

Ü 34b: Butterfly

Ü 37: Kasatschok

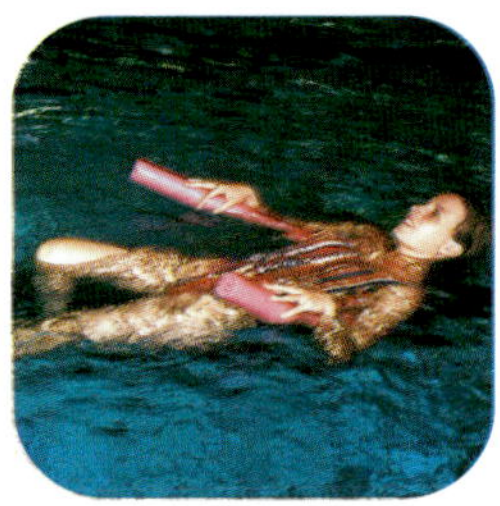

Ü 38: Tintenfisch auf der Flucht

Ü 46: Sitzboogie

Ü 49b: Surfen

Ü 76: Schreiten

Ü 85: Man gönnt sich ja sonst nichts

13 Übersicht – Übungsprogramm Fortgeschrittene

Programmbeispiel für das Flachwasser:

Ü 1a: Let's kick

Ü 2a: Jogging

Ü 4a: Hampelmann

Ü 12a: Kanufahren

Ü 19: Seilhüpfen

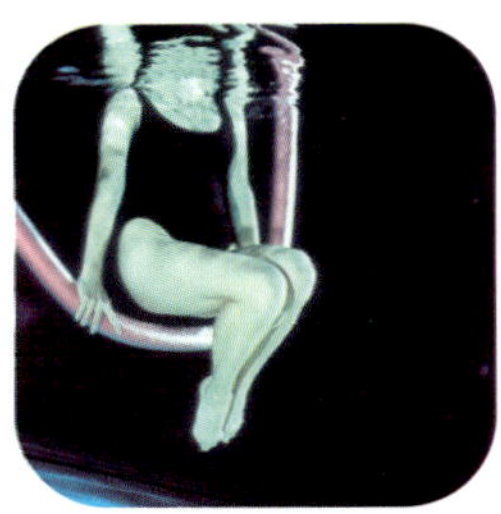

Ü 22: Schaukelpferd

Ü 23a: Känguru

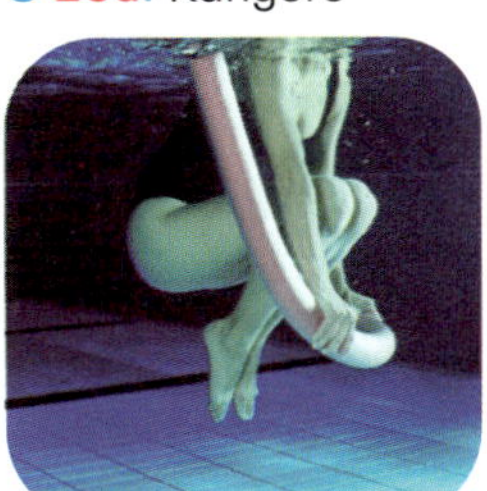

Ü 25a: Trampolin

Ü 28: Seilzug

Ü 35a: Holzhackerbuab'n

Ü 38: Tintenfisch auf der Flucht

Ü 43: Fisch im Netz

Ü 46: Sitzboogie

Ü 48a: Rock 'n' Roll

Ü 51a: Seiltanz

Ü 70a: Schulterboggie

Ü 72: Lastpferd

Ü 73: Storch

Ü 90: Let it flow

Programmbeispiel für das Tiefwasser:

Ü 1b: Let's kick

Ü 2b: Jogging

Ü 3b: Robojogg

Ü 10b: Einen Teig rollen

Ü 11b: Mississippidampfer

Ü 13b: Wasserpumpe

Ü 17b: Let's twist

Ü 19: Seilhüpfen

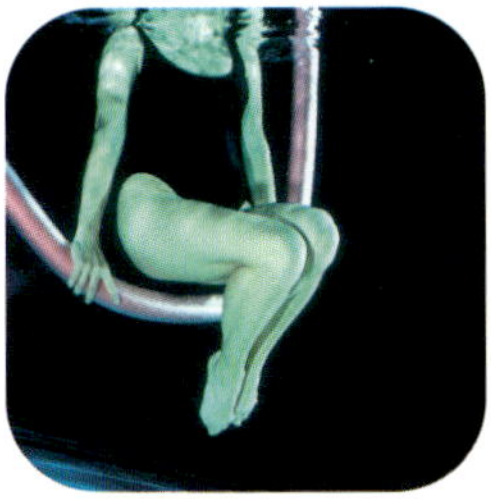

Ü 21b: Zeigt her eure Füße

Ü 23b: Känguru

Ü 26b: Noodle Diving

Ü 27b: Nudelpendel

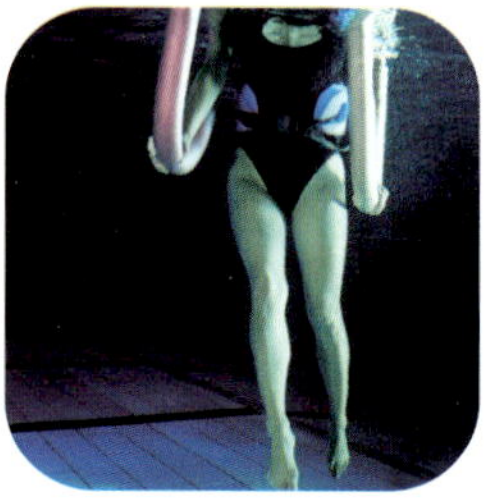

Ü 35b: Holzhackerbuab'n

Ü 36: Klappstuhl

Ü 39: Manta

Ü 40: Rückentwist

Ü 41: Außenborder

Ü 42: Karriereleiter

Ü 48b: Rock 'n' Roll

Ü 52: Wellenreiten

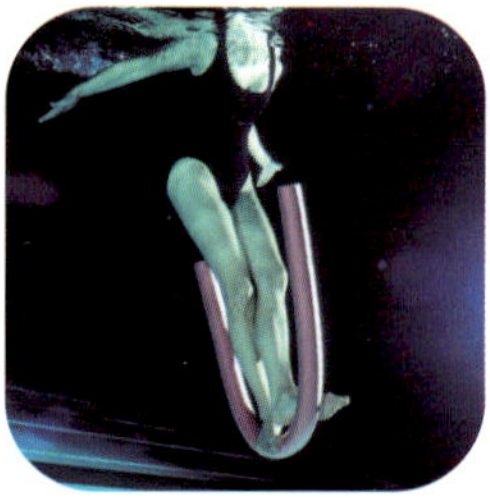

Ü 53: Häuptling Aquanudel

Ü 70b: Schulterboggie

Ü 71b:
Schwingende Wirbelsäule

Ü 77: Galanterie

Ü 83: Fernsehsessel

ANHANG

Anhang

Vielen Dank

Ein besonderer Dank richtet sich an Reinhard Schottmueller, der für die Unterwasserfotos verantwortlich war.

Dank auch an meine langjährige Freundin Jutta, die mit ihren Karikaturen das Buch sehr bereichert hat.

Ebenso möchte ich mich bei allen Freunden und Freundinnen bedanken, die mir bei meinem Buchprojekt stets mit Rat und Tat hilfreich zur Seite standen.

Literatur

BEIGEL-GUHL, K. & BRINCKMANN, A. (1989). *Wassergymnastik*. Reinbek: Rowohlt.

BIRKNER, H.-A. & ROSCHINSKY, J. (1999). *Handbuch für Aquajogging*. Aachen: Meyer & Meyer.

BUCHER, W. (1998). *1001 Spiel- und Übungsformen im Schwimmen*. Schorndorf: Karl Hofmann

DARGATZ, T. & KOCH, A. (1995). *Aqua-Fitness*. Oberhaching: Sportinform.

DEHAG. (1994). *SPEEDO Aquatic-Fitness-Instructor´s Training Manual*. Frechen: DeToia Handelsagentur & Verlag.

De Mareés, H. (1992). *Sportphysiologie*. Köln: Tropon.

Hollmann, W. & Hettinger, Th. (1990). *Sportmedizin. Arbeits- und Trainingsgrundlagen*. Stuttgart: Schattauer.

Huey, L. & Forster, R. (1997). *Aquatraining*. Band 1. Aachen: Meyer & Meyer.

Huey, L. & Forster, R. (1997). *Aquatraining*. Band 2. Aachen: Meyer & Meyer.

Kozel, J., Schmitz, J. & Wilke, K. (1998). *Gesund durch Schwimmen*. Schorndorf: Karl Hofmann.

Martin, D., Carl, K. & Lehnertz, K. (1993). *Handbuch Trainingslehre*. Schorndorf: Karl Hofmann.

Ott, D. & Schmidt, N. (1995). *Aquagymnastik*. Aachen: Meyer & Meyer.

Reischle, K. (1997). *Aquafit. Im Wasser bewegen = Wohlbefinden durch Trainieren, Spielen, Lernen und Probieren*. Bad Dürkheim: mkg.

Stumpp, O. (1991). *Spielerisch zur Kondition*. Niedernhausen/Ts.: Falken.

Weineck, J. (1990a). *Optimales Training*. Erlangen: Perimed.

Weineck, J. (1990b). *Sportbiologie*. Erlangen: Perimed.

Wilke,K. & Fessler, J. (1999). *Aquajogging*. Wiebelsheim: Limpert.

Zeitvogel, M. (1992). *Aquatraining*. Reinbek: Rowohlt.

Zintl, F. (1994). *Ausdauertraining*. München: BLV.

Herstellernachweis

- **Sport Fahnemann GmbH**
  Postfach 170
  31163 Bockenem
  Tel.: 0 50 67/10 61
  Fax 0 50 67/23 11

- **Sport-Thieme GmbH**
  Heidwinkel 12
  36367 Grasleben
  Tel.: 0 53 57/1 81 81
  Tel.: 0 53 57/1 81 90

- **Aqua Team**
  Im Wiesengrund 32
  50259 Pullheim
  Tel.: 0 22 38/96 27 80
  Fax: 0 22 38/96 27 82

- **Epsan Sports + Therapy**
  Sportgeräte GmbH
  Am Müllerberg 1
  38729 Lutter am Barenbergen
  Tel.: 0 53 83-80 20/30

Bildnachweis

Umschlaggestaltung: Birgit Engelen, Stolberg
Coverfotos: U1 jump fotoagentur, Hamburg/U4 Reinhard Schottmueller, Malsch
Fotos (Innenteil): Reinhard Schottmueller, Malsch
Grafiken: Jutta Becker, Kölbingen

Hans-Albert Birkner &
Johannes Roschinsky

Handbuch für Aquajogging

Dieser Leitfaden vermittelt umfangreiche theoretische Grundlagen zum Thema Aquajogging und beschreibt verschiedene Anwendungsgebiete und methodisch-didaktische Konzepte zu Technik und Training. Umfangreiches Material zur praktischen Durchführung – u. a. zahlreiche Stundenbilder – erleichtern dem Übungsleiter, aber auch jedem Interessierten, die Durchführung von Aquajogging oder Bewegung im Wasser.

2. Auflage
152 Seiten
26 Fotos, 9 Abb.
zweifarbig, 41 Tab.
geb., 14,8 x 21 cm
ISBN 3-89124-928-4
€ 18,90 / SFr 32,10

MEYER
& MEYER
VERLAG

MEYER & MEYER Verlag | Von-Coels-Straße 390 | D-52080 Aachen | Fax +49 (0)2 41 - 9 58 10-10

Anz 1 02/03

Daniela Ott &
Natascha Hillebrecht
Aquagymnastik

Dieses Buch zur Aquagymnastik bietet seinen Lesern eine Vielzahl von Übungen und eröffnet mit der detaillierten theoretischen Einführung und den Benutzerhinweisen die Möglichkeit, das Training selbstständig zusammenzustellen. Zielstellungen sind dementsprechend, ein Reservoir an Übungen bereitzustellen, Interesse zu wecken, Informationen sowie Hilfestellungen und Anleitungen zu liefern.

3. Auflage
152 Seiten
zweifarbig, 133 Fotos, 22 Abb.
Broschur, 14,8 x 21 cm
ISBN 3-89124-677-3

MEYER & MEYER Verlag | Von-Coels-Straße 390 | D-52080 Aachen | Fax +49 (0)2 41-9 58 10-10

MEYER
&MEYER
VERLAG